说话要懂心理学

郭春光　范洪武　王晓辉◎编著

中国纺织出版社

内 容 提 要

现代社会，人们的智商与情商并驾齐驱，为生活和工作尤其是人际交往提供了便利，而人际交往的主要工具——语言表达也被提升到新的高度。因此，一个语言表达欠缺的人，是很难有所发展的。

本书以心理学知识为基础，从人们在说话中遇到的各种问题出发，帮助读者朋友们解开人际交往过程中因为语言沟通不畅导致的心结，从而也使读者朋友们对于心理学知识和交流技巧的运用更加得心应手。

图书在版编目（CIP）数据

说话要懂心理学／郭春光，范洪武，王晓辉编著.--北京：中国纺织出版社，2017.12（2023.1 重印）

ISBN 978-7-5180-4471-9

Ⅰ.①说… Ⅱ.①郭… ②范… ③王… Ⅲ.①心理交往—口才学 Ⅳ.①C912.1

中国版本图书馆CIP数据核字（2017）第313620号

责任编辑：闫 星　　特约编辑：李 杨　　责任印制：储志伟

中国纺织出版社出版发行

地址：北京市朝阳区百子湾东里A407号楼　邮政编码：100124

销售电话：010—67004422　传真：010—87155801

http：//www.c-textilep.com

E-mail：faxing@c-textilep.com

中国纺织出版社天猫旗舰店

官方微博http://weibo.com/2119887771

佳兴达印刷（天津）有限公司印刷　各地新华书店经销

2017年12月第1版　2023年1月第4次印刷

开本：710×1000　1/16　印张：13

字数：188千字　定价：36.80元

前言

作为人与人之间交流的主要工具和重要媒介，语言对整个人类社会的发展都起到了重要的推动作用。如果没有语言，人与人之间的交流必然艰难晦涩，人与人之间的关系必然生硬冷漠，整个社会的发展也会因此停滞，人类进步的速度必将大大减低，由此可以看出语言至关重要和无法取代的历史地位和现实地位。

也许有人会说，如果没有语言，我们可以打哑语，也可以用眼神，还可以写写画画。没错，但是一旦大范围地推广这种无声语言的方式，那么整个社会和时代运转的速度都会减慢，而且会严重滞后。在一切都高速运转的今天，这几乎是难以想象的。

细心的人会发现，纵观古今中外，大凡成功人士，能够在历史长河中留下惊鸿一瞥的叱咤风云者，无一不具备好口才，无一不是深谙心理学知识的。由此可以看出，语言看似是表情达意的工具，而实际上是人们心灵交流的通道。因而，语言上占据上风并非我们所看到的那么简单，这往往意味着语言运用纯熟的人不仅有着强大的心理，而且还深谙他人的心理。所以他才能游刃有余地运用语言，使其成为他手中紧握的最有力也最具影响力的武器。

举个最简单的例子，当一个人想要说服另一个人时，他未必能够仅仅依靠语言获胜。口舌之争从表面看来是唇枪舌战，其本质却是心理上的博弈和较量。要想真正说服一个人，一定要使其心服口服，才算真正地将其说服。否则，表面上的说服掩盖着心中不服的真相，这样的说服工作并没有解决实际问题，因而只是白白浪费时间而已。

把心理学知识与语言表达糅合起来，使其融会贯通，看起来是很简单的事情，实际上非常深奥和微妙。这要求我们不仅要熟悉和了解心理学知识，还要拥有熟练运用语言以“我口说我心”的能力。唯有这两方面都做足准备，才能在需要的时候让语言如同利剑出鞘。当然，生活中并非总是唇枪舌战，大多数情况下人与人之间都是非常友善的。如果能够运用语言加深彼此间的感情，或者使人际关系更加融洽润滑，当然是再好不过的。

总而言之，人每天活着就一定要说话，要与他人交流。我们只有掌握纯熟的语言技巧，再加上认真仔细地观察他人心理，才能顺利地把话说到他人心里去，才能让语言为自己的生活与工作创造更多的便利条件。

编著者

目 录

第01章

我口说我心，懂心理学才能说好话

作为一名作家，最高的境界就是我手写我心。能够用神奇的方块字，把自己的很多想法、见解和感受表达出来，当然是非常愉悦的事情。那么，对于一个演讲者而言，最高的境界又是什么呢？当然是我口说我心。不要以为心到口到是件简单的事情，生活中的很多人都是茶壶里煮饺子，倒不出来。能够恰到好处地表达自己，传情达意，是非常值得骄傲的。如果你也想成为一个人际沟通的高手，那么一定要从懂心理学开始哦！

话外音，你不可不知的秘密

经过几千年的沉淀和发展，中国的汉字越来越博大精深，和表音文字相比，表意文字本来就更加深奥。再加上生活中人们不断地提升和深化，使得语言已经不仅仅只具备表情达意的功能，在很多情况下还能够传递更多的信息。

如果你喜欢看《动物世界》，你一定对赵忠祥的解说印象深刻；如果你喜欢看各种体育类节目，那么你对宋世雄激情澎湃的解说也不会陌生。这些解说，都是所谓的画外音，是为了帮助人们更加深刻地理解电视节目，因而特意进行的解读。和这个画外音异曲同工，如果你想了解一个人话语里表达的真实含义，仅仅从字面进行理解也是完全不够的，最重要的在于了解他人的话外音，这样才能体会话中真正的含义和用心。所谓听话听音，锣鼓听声。由于事情的进展程度不同，每个人的脾气秉性不同，所以话外音也是完全不同的。在这种情况下，要想准确了解话外音，除了需要了解事发当时的背景之外，最重要的还需要了解说话者的脾气秉性及其为人处世的风格等。

对于一个心思缜密的人而言，生活中实在有太多的内容无须直接明白无误地表达出来，而只要把话说到位，聪明的人就能一点即通。而且，有些话如果直说也会很尴尬，在这种情况下，我们就更要仔细体味他人的弦外之音，这样才能准确把握对方的意思，从而实现彼此间更好的沟通。

作为这家公司的销售代表，张单最近一直在四处奔波，推销公司的

产品，扩大销路。毕竟在这个金融危机席卷全球的艰难时刻，如果不主动出击，就只能被动等死。张单很清楚，自己的前途与公司的命运是紧密相连的。

一天，张单来到维护很久的一个大客户公司，面见采购部经理陈总。显然，采购部经理对张单并不陌生。在见到张单之后，他先发制人："实在抱歉，张经理，你也知道最近金融危机，我们公司减产也挺厉害的。"张单赔着笑脸："当然当然，我知道咱们都是同病相怜，你老兄的日子也不好过。不过，你们公司总归没有停产，你看看，能不能多照顾照顾我们的生意，毕竟咱们也是打过很多次交道啦，对于产品的质量等等，你应该都有所了解。"陈总也不是省油的灯，当即说："是的，你们是大企业，产品质量是信得过的。不过你也知道，既然利润降低了，我们就只能节流，要从节省成本上入手。实不相瞒，最近这段时间有几家公司都来找我们谈合作，我们老总的意思是一定要在保证质量的情况下，利润最大化。"张单很聪明，马上意识到对方是在压价，因而毫不迟疑地说："陈总，首先我保证我们的质量一定是过关的，不会有任何偷工减料的情况出现。其次，您也是做实体企业的，知道生产和成本之间的关系。我想，如果我现在给您一个离谱的价格，您肯定也不会相信我愿意做赔本的买卖。这样吧，我也是痛快人，不喜欢拉锯战。我就告诉你我们公司的销售底价，也就是保本价。你知道，如果不是现在公司急于回笼资金，是不会这样赔本赚吆喝的。"说完，张单拿出了自己的报价书，双手递给陈总。陈总笑着说："好，我会很快看完给你答复的。你要相信，同等价位的情况下，我们当然愿意选择质量更过硬的产品。"

一周之后，陈总打电话让张单过去签订供货合同，张单这才松了口气，庆幸自己选择了毫无保留的谈判方式，最终才能让陈总看到他的诚意。

在金融危机的浪潮中，很多实体企业因为占用了太多的资金，不得不

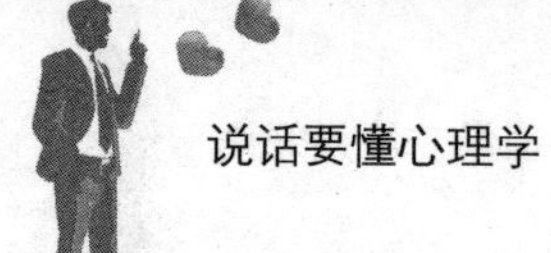

清空存货，收回资金，才能再次投入正常的运营和生产。在这种情况下，张单也是被迫无奈，才直截了当地把自己的报价单给了陈总。其实，陈总是个说话很委婉的人，他一开始时不好意思直接拒绝张单，隐晦地告诉张单有很多公司找他们寻求合作，而且公司老总要在保证质量的情况下开源节流，实现利润最大化，实际上就是在告诉张单要把价格降到最低，才能进入他们的考虑范畴，作为备选项。听到陈总的话说得如此明白，张单自然也就不再啰唆，索性死马当作活马医，最终反而赢得陈总的认可和赞许。

人们常说察言观色，所谓察言，就是要从一个人的言谈举止中看出他的品性、风格以及弦外之意。只有准确地察言观色，我们才能在人际交往中如鱼得水，游刃有余。

用心了解，声音透露内心变化

就像世界上没有两片完全相同的叶子一样，世界上也没有完全相同的两个人，包括他们的长相、气质、脾气秉性，甚至是音色，都是完全不同的。有些人天生有个金嗓子，轻而易举就能把歌唱得嘹亮动听，有些人则天生是个公鸭嗓子，绵绵的嘶哑的嗓音，让人听起来很难受。最让人感到遗憾的是，有些美女就是这样的嗓音，诸如周迅。她长得小巧可爱，玲珑剔透，但是嗓音可真算不上美妙。如果把她的声音和她的容貌分开，让你进行连线活动，你恐怕很难把这两者联系起来。有人说造物主不公平，其实造物主是公平的，他总是在各个方面平衡人们的得到和失去，从而在把一个人的门关上的同时，再给那个人打开一扇窗。

音色的不同，决定了人们声音本质上的差别。实际上，声音的不同远远不止于此，因为一个人的声音还是千变万化的。通常情况下，人们的声音能

够反映各种不同的心情，诸如兴奋、低沉、失落、沮丧、绝望、悲观等，即使只听声音，也能有个大概的感知，而完全无须观察人的面部表情。这就是声音的魅力。很多情况下，它甚至比语言的表达和面部的表情，更能微妙地表达人们的内心。如果一个人能够做到细致入微地感受声音，他就能更加接近他人的内心，从而做到洞察人心。

生活中，因为脾气秉性的不同，每个人都有自己独特的说话方式，声音也是极具特点的。诸如，性格平和的人往往说起话来不疾不徐，语调平稳，音调也相对较低，表现出说话者开阔的胸襟和气度。性格温柔的人则说起话来语速很慢，他们声调平和，从不会过于激动，也不会过于消沉。他们能够接受生活中的很多挫折与磨难，却始终怀着一颗感恩之心，喜欢息事宁人，而很少得理不饶人。性格刚强的人说起话来就像钢针一样，一字千金，掷地有声。这种类型的人往往信守承诺，做人做事不喜欢拖泥带水，更不会磨磨叽叽。性格直爽的人往往是个大嗓门，声调很高，有时候一激动说起话来就像在吵架，但是他们通常没有什么心机，喜欢就事论事，辩论完了也就结束了，不会心怀芥蒂。总而言之，每种性格的人都有自己的表达方式和声音特点，唯有更加深入地了解，才能准确地通过声调区分一个人的脾气秉性，听声识人。

生活的河流并非永远平缓，在遇到意外事件时，人们的情绪就很难保持镇定和平静了。在这种情况下，一个人的声调也会发生明显或者微妙的变化。如果能够捕捉到这种变化，并且加以理智客观的分析，就能够及时体察他人内心情感的改变，从而做到洞察人心。

在这次谈判中，李想一直保持着固有的风格，稳重老成，波澜不惊。然而，在看到谈判进展了三天之后，却进入僵局时，李想未免有些着急起来。毕竟，这次他作为公司代表，率领谈判组的成员们来到遥远的美国，可不是为了来练嘴皮子的。如果拿不下这个项目，就会给公司带来巨大的损

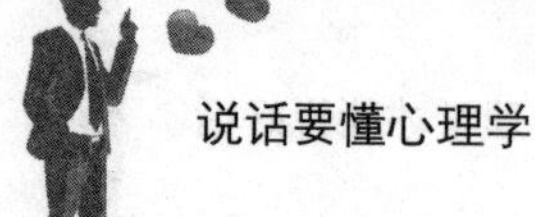

失。想到这里，面对对方主谈判代表淡定自若的样子，李想有些气急败坏地说：“约翰，我当然知道你也想为公司争取最大的利益，但是你看既然我们已经不远万里地来了，你们是否也应该表现出应有的诚意，给我们一些空间呢！”看到李想涨红了脸的样子，狡猾的约翰不以为然地说：“李先生，我记得你们中国有句古话说，生意不成仁义在么！我想，就算我们这次没有达成合作，最起码大家都交到了朋友。”看着约翰气定神闲、得意扬扬的样子，李想很懊悔自己的气急败坏让约翰更加得意。想到这里，他马上调整声调，平静地说：“是呀，我们中国人历来是最喜欢交朋友的。我看不如这样吧，既然咱们的谈判已经无法进行下去，不如就由我们反客为主，今天晚上我请大家好好放松一下！然后，我们就打道回府，等到有机会再次合作时，咱们再见。”看到李想突然间转变，居然要结束谈判，玩乐之后打道回府，约翰简直不知道李想是怎么想的，一下子乱了阵脚。他慌张地说：“李先生，事情没有你想象得那么糟糕，我也不想让咱们这几天的辛苦白费。这样，你等一下，我这就去请示上级，看看能不能达到你的满意。”

约翰装模作样地走出会议室，假装打了个电话，回来之后就给李想做出了让步。对于这样的结果，虽然未必十分圆满，但是李想还是接受了。归根结底，他也不想无功而返。

约翰很狡猾，他先是听出李想声音里的焦虑，因而表现得非常无所谓。李想在意识到自己的失误后，马上补救，杀了个回马枪，最终把约翰搞得措手不及。这就是谈判场上没有硝烟的战争。要想在谈判中占据先机，仅仅做好常规的准备是不够的，还要能够细致入微地观察对方声音的细微改变，从而及时洞察对方内心，这样才能做到胜券在握。

说话时，一个人的声调、语速都会透露他的内心，要想在交流中占据主动，我们就必须认真感受这些细节的变化，从而更加准确地把握对方的内心世界。

小话题，大秘密的解析

对于一场正式的交谈来说，话题的重要性毋庸置疑。如果是一场有准备的交谈，交谈者在谈话开始之前，还会精心寻找合适的话题，甚至设计谈话的进度，这一切只为了达到预期的目的。一个好的话题，能够让初次见面的陌生人之间谈笑风生，就像一见如故的老朋友；相反，一个失败的话题，则会让原本非常熟悉的朋友之间出现尴尬的冷场，甚至导致谈话无法进行下去。那么，如何才能在谈话中把握好话题呢？这一点需要我们非常用心才能实现。

所谓交谈，必然是谈话各方都各抒己见，而且进行互动。交谈不是独角戏，如果一个人在与他人交谈时总是自说自话，完全不在乎对方是否对话题感兴趣，也不管对方作何反应，就是这样独自说下去，那么这样的谈话必然以失败告终，是让人索然无味的，也是非常低效率的谈话。因而，在选择话题之前，我们不妨先学会倾听，留意对方对哪些话题更感兴趣。这样就可有的放矢，找到让对方感兴趣的话题，使谈话顺利进行下去。

从心理学的角度来说，话题是交谈者心理的反应。如果你认真分析对方的话题，就能从中了解对方的信息，捕捉对方的喜好等。和只是自己说的人交谈，无疑是很乏味的。恰恰相反，如果你把交谈的话语权交给对方，对方则一定会对你留下良好的印象，甚至会拉近彼此的距离。当然，凡事过犹不及。如果一个人在交谈中从来不提及自己，未免也会使人觉得他清高孤傲，不愿意透露个人信息，警惕意识太强，对人缺乏信任，如此一来，谈话当然也无法进行下去。如果你真的不想说自己，其实可以说一些无关紧要的话题，诸如兴趣爱好、天气和旅游等。尤其是在初次见面的人之间，说这样的中立性话题显然更为稳妥，因为出错的概率很小。

生活中，人们常说，谁人背后无人说，谁人背后不说人。即便如此，需

要注意的是，最好不要在背后议论他人。哪怕你此刻侃侃而谈、不停攻击的是谈话者最厌恶的人，只要谈话者足够清醒明智，也会因为你的接连攻击对你产生不好的印象。当然，同样的道理，如果交谈者与你谈起第三人，而且妄加指责，你也最好马上转移话题，结束这场令人不愉快的谈话。所谓的明哲保身，在人际交往中的他人短长上，指的是既不要说，也不要听，根本就不能涉及。此外，还有些事关隐私的话题也不要触及。现代社会，很多人的隐私意识都很强，一旦你问起这个不合时宜的话题，他们马上就会像张开了刺的刺猬一样，做好保护自己的姿势，也随时做好攻击的准备。总而言之，交谈虽然看起来是很容易的，但是真正与他人进行交谈时，你会发现这是一件很微妙的事情，需要用心处理，才能得到好的结果。

在这场宴会上，丝丝和玛丽紧挨着坐在一起。原本，丝丝和玛丽并不熟悉，因为她们分别属于不同的部门，平日里工作上的往来很少。然而，只挨着坐着吃了这顿饭，丝丝就对玛丽印象很差。原来，玛丽整个宴会席间都在问丝丝很多私人问题，诸如问丝丝的老公做什么工作，丝丝的父母在哪里生活，丝丝有没有兄弟姐妹，丝丝所在部门的主管怎么样，等等。这些问题，让在职场上习惯了谨言慎行的丝丝根本无从作答，只得支支吾吾地搪塞。玛丽呢，在询问丝丝的同时，也一股脑地把自己的隐私和盘托出，仿佛她与丝丝不是一般关系且不太熟悉的同事，而是相交多年的闺蜜一样。

饭吃了一半，丝丝就借口接电话躲了出去，直到饭局快结束时才回来。看到丝丝，玛丽又像是见到多年未见的亲人一样，问："丝丝，是谁打电话来的？是你老公来查你的岗了吗？你老公可真好，不像我老公，从来不关心我！"丝丝敷衍地笑了笑，说："哇，上了我最爱吃的水煮鱼，我赶紧吃了哈！吃完再说！"直到饭局结束，丝丝都在狂吃水煮鱼，装出贪吃蛇根本没有嘴巴用来说话的样子！

从玛丽选择的话题上，不难看出玛丽是个典型的长舌妇。她为了打探别

人的隐私，不惜透露自己的隐私，这种交浅言深的行为，在职场上是大忌。其实同事之间的关系是非常微妙的，既疏远，又亲密，既是合作者，又是竞争者。在如此复杂的关系中，职场人士必须非常用心地保持这之间的平衡，才能让自己的职场生涯不会因为人际关系而受到影响。坦白说，在职场上游刃有余并非简单容易的事情，是颇需要花费心思的。

丝丝很明智，对于玛丽的交浅言深，她既不想透露自己的隐私，也不想过多地知道玛丽的隐私，因而她选择以接电话为由躲出去，这样就能避免玛丽的纠缠。一个好的话题，带给人的是愉悦的交流体验，一个不合时宜的话题，则只会让人感到尴尬和难堪。如果你想成为职场上的社交达人，一定要学会选择最恰到好处的话题哦！

无意识的口头禅，帮你洞察人心

生活中，有很多人都有口头禅。这些口头禅往往是无意识地脱口而出，因而想要改掉口头禅也并非一件容易的事情。尤其是在交谈中，这些口头禅会更加频繁地冒出来，甚至说话的人都没有意识到它们的出现，它们就已经从说话者的口中蹦到了你的耳朵里。熟悉心理学的人都知道，越是无意识的东西，越是能够表现人们内心深处的所思所想和所感。

如果你想成为社交生活中洞察人心的达人，就千万不要忽视这些不起眼的口头禅。虽然这些口头禅只有短短的几个字，甚至只有一两个字，但是它们却蕴含着很多深层次的内涵，让你以此作为渠道，进入他们的内心世界，了解他人内心深处最真实的想法和动机。通常情况下，希望得到别人信任的人总是再三强调“说真的”“相信我”“不骗你”；判断能力强且自信的人，他们往往思想睿智，有着自己的独特见解，因而说起话来带有

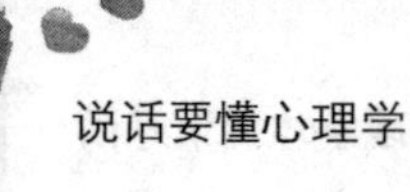

很强的支配性，喜欢说“一定要”“必须的”“肯定会”；和这种确凿无疑的说话相比，有些善于自我保护的人则显得非常隐晦圆滑，他们喜欢说“可能”“也许”“应该”……当然，还有些人喜欢说些无意识的口头禅，听起来也许毫无意义，实际上说明他们的心里正在进行紧张的思考，诸如“嗯”“啊”“哦”“这个”等。很多人如果常常听领导开会，就会发现领导最喜欢说的话是“总而言之”“综上所述”“归根结底”等。这是因为领导通常会在大多数人都发言之后进行总结性发言，说些有概括性的话，日久天长，就形成了这样的思维模式。当然，作为普通人，如果想要进行总结性发言，也很有可能说些类似的话。

当然，事情的发展是千变万化的，每个人的脾气秉性也是完全不同的，因而在交谈的过程中，各种各样的口头禅都有可能出现。作为观察者，一定要根据事情的实际情况，综合说话者的脾气秉性和处事风格等，进行最全面的分析。

眼看着就要大学毕业了，但是马苏的毕业论文还没通过。原本，他想一鸣惊人，就找了个比较独门的课题进行研究。不承想，关于这个课题的参考资料非常少，而且也没有什么专业的书籍，马苏又不甘心半途而废，只好硬着头皮写了下去。果不其然，迄今为止他的论文已经改了三遍了，还是没有通过。

这次，马苏决定拜访他的导师张教授，当面接受张教授的教诲。一个周日，马苏拎着礼物敲开张教授的家门。恰巧，张教授正在院子里喝茶，马苏便也坐下来，与张教授探讨关于他论文的选题。张教授劝说马苏：“虽然这篇论文你已经改了好几次，但是我依然建议你换个选题写，也许能够提高通过的可能性。你选择的这个课题是专业领域内的冷门，很少有人敢涉及这个方面，它就像是一个空白，没有参照。如果你换个课题，也许很快就能通过了呢！”对于这篇自己已经改了三遍的论文，马苏当然不舍得放弃，他喋喋

不休地央求张教授给予他具体的指导，张教授最终叹了口气说：“哎，我告诉你啊，这个课题很难通过，因为没有准确的科研数据可以参考，你怎么就不信呢？”

马苏马上从张教授的话里听到了厌烦的意味，他当即起身告辞，说：“张教授，您放心吧，我一定会把这篇论文写好的！”

对于马苏的固执己见，急于让马苏通过毕业论文的张教授，未免有些厌烦了。虽然他说得很隐晦，但是敏感的马苏还是听出了他的话外之音，感受到了他的不耐烦。为此，不愿意服输的马苏当即起身告辞，他决定凭着自己的实力通过论文，一定不会放弃。

需要注意的是，有些人的口头禅是习惯性用语，不管在什么情境下都会使用，因而无法作为洞察其内心的依据。只有根据具体的情景进行客观分析和冷静思考，我们才能更加准确地判断他人的心理，为与他人的交往奠定良好的基础。

察言观色，才能攻心有术

所谓察言观色，顾名思义，既要观察他人的语言，从中了解更深刻的内在含义，又要观察他人的面部表情，通过其面部表情的细微变化，作为辅助的判断手段，更加准确地分析他人的内心。

在看古代题材的影视剧作品时，对于里面那些长须飘逸的神算子，很多人都有着莫名的崇拜和尊敬。是啊，如果真的能够掐指一算，就算出很多未来的事情，这岂不是太有趣了吗？而且也会给生活带来更多的契机。其实，这些神算子真的会算吗？真的知晓上下五千年的事情吗？因为对这些人物的好奇，对于生活中的我们而言，算命卜卦的人也有了更多的神秘感。尤其是

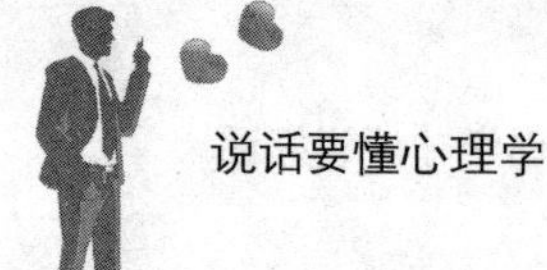

在偏僻的农村生活中，很多算命的人生意都很好，因为他们能够为那些在封闭落后的环境中生活的村民们，解决很多他们无法理解也想不明白的难事怪事。虽然有很多人都隐隐约约知道算命的都是骗人的，但是当算命先生真的说出他们心中的苦楚时，他们还是感到非常惊讶和神奇，甚至马上就对算命先生佩服得五体投地。实际上，这些擅长攻心术的算命先生，都是察言观色的高手。

这天凌晨五点多，张大妈就趁着黎明前的夜色起床了。她准备和村里的其他妇女们一起外出栽花，所以特意起得早了些。推开小屋子的门，她睡眼惺忪地看了看门外，突然发现门外横着一根黑黑的木梁。张大妈生气地说："这是哪个坏家伙，居然把一根木梁横在我家门口！"说着，她走近木梁，想要仔细地看一看。这一看不要紧，原来这个黑家伙不是木梁，而是一条大蟒蛇。张大妈突然间清醒了，吓得浑身冷汗。活了这六十多年，她还从未见过这种通体漆黑的大蟒蛇呢！这条蟒蛇足足有三米多长，和人的腿一般粗，一个头就有箩筐那么大。张大妈赶紧轻手轻脚地走回屋子里，把门紧紧地关上。她透过窗户的缝隙看了好几次，直到发现大蟒蛇游走了，她悬着的心也落了下来。

很快，张大妈看见大蟒蛇的消息就传遍了半个村子。因为儿子准备在这片宅基地上盖楼房，张大妈心里打鼓，所以决定找个算命的先生算一算，看看风水。谁都知道，算命先生总是走街串巷，无疑是消息灵通人士。看到张大妈满面愁容的样子，算命先生张口就来："大姐，你最近运气不太好啊！肯定有什么烦心事吧！"张大妈愁眉紧锁，说："是啊，的确遇到难处了。我想让您帮我看看，我家儿子准备盖楼房的这块宅基地怎么样？"算命先生装模作样地左看看，右看看，突然故弄玄虚地说："这里有水，几千年来一直是船港，如今被你家垫起来，只怕下面有大家伙啊！"张大妈听到算命先生说得跟真的一样，马上追问："什么大家伙？"算命先生沉吟良久，说：

“乌龙！”其实，算命先生早就听说附近有人看到漆黑色的蟒蛇了，因而把它与张大妈家紧挨着河水的宅基地联系了起来。算命先生的话算是一下子戳到了张大妈的心窝里，张大妈脸色陡变，更加忧愁起来，问：“那该怎么办呢？孩子垫这个宅基地，已经花了十几万了呀，可深了这个大沟！”算命先生说：“这下面的大家伙可不得了，也许最近还会到你门口来呢！下面是它们的老巢，住了千百年了，谁愿意被惊扰呢你说！”张大妈几乎要哭出来了，说：“我已经在门口看到了呀！您说说，现在该怎么办呢？”

算命先生掐指一算，说：“过几天就是其中一条乌龙升天的日子，我觉得你还是去许愿吧。只要你心诚，总能化险为夷的。不过，香火钱是少不了的！”张大妈点头如捣蒜，说：“花些钱，总比扔掉这十几万强啊！你告诉我怎么做，我一定照办！”接下来，算命先生当然开始狮子大开口要钱，张大妈花了一万多元，才算了了这桩心事。

在这个事例中，算命先生无疑是个察言观色的高手。他整日走街串巷，总是能够听到很多小道消息，也对经常活动的那些村庄里的奇闻逸事非常熟悉。为此，一看到张大妈愁眉苦脸的样子，他就知道张大妈必然是有了为难的事，所以来算命。的确，大多数农村的大爷大妈们，平日里谁也舍不得花百八十块钱算命啊，必然是有了过不去的坎，才寻求神灵的保护。为此，算命先生一语中的，一下子就说到了张大妈的心坎里。接下里，算命先生看到张大妈家的宅基地挨着方圆几里地之内最大的一条河流，因而想到最近出没的那条大蟒蛇，肯定也会在这附近活动，就顺口胡说，说河流下面是蟒蛇的老巢，是乌龙的家。这样，就更加接近张大妈的烦心事，张大妈的脸色也越来越难看，言谈间不免唉声叹气起来。算命先生的把握更大了，索性说这条乌龙就是出现在张大妈家门口，居然说到了张大妈的心坎上，让张大妈情不自禁地把烦恼和盘托出。

至此，张大妈已经成了算命先生的俘虏，丝毫没有招架能力。诡计得逞

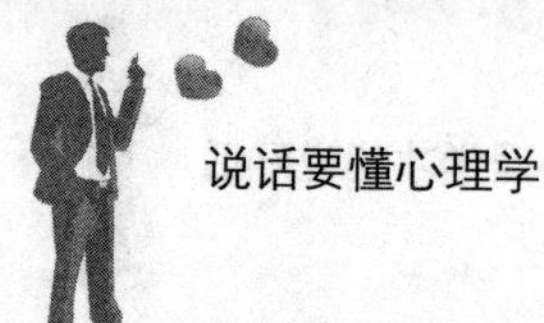

的算命先生，看到张大妈心急如焚的样子，接下来就是狮子大开口，像张大妈要钱啦。而且张大妈的钱掏得心甘情愿，几乎毫不犹豫。当然，我们的察言观色未必需要达到算命先生的这种水平，毕竟他们是靠行骗混饭吃的。作为普通人，如果能够掌握察言观色的皮毛知识，就能够在与他人交流的过程中更好地洞察他人心理，及时把握他人的心理动态，从而成为交谈的主宰，让谈话顺着自己预期的方向顺利发展。

第02章

阅人心理学，助你谈笑风生间洞察他人心理

有些人阅人无数，因而似乎学会了读心术，总是能够在看到他人时，洞察他人的内心，从而相对准确地判断一个人的心理。不得不说，掌握这样的技能对于现代社会的人际交往是很有好处的，所谓知人知面不知心，到这里就截止了。如果你掌握了一点读心术，就无须担心对方是否要加害于你，也知道对方对你是否真诚，如此一来，你就可以坦坦荡荡地与对方交往，却一切尽在把握之中。

动作夸张有含义，你知道吗

生活中有文静内敛的人，说起话来总是温言细语，也有热情奔放的人，说起话来就像放鞭炮，甚至还夹杂着很多动作，以加强表达的效果。尤其是当说到兴高采烈的时候，他们就更加兴奋，甚至无法控制地手舞足蹈起来，恨不得吸引所有人的目光。通常情况下，他们非常富有感染力，说起话来能调动起听者的情绪，会听者和他一样兴奋。如果这样的人做领导，尤其适合销售行业，因为他们具有天生的凝聚力，能够把每个团队成员都聚集在一起，为了共同的目标不懈前进。不过，有些人并不喜欢这样动作夸张的人。其实，夸张的动作背后是有含义的，我们只有了解不同动作的含义，才能更加深入地了解他人。

从心理学的角度进行分析，身体动作夸张的人往往希望成为人群中的焦点，他们从不害怕被更多的人注视，只是害怕没有人关注他们。他们的控制欲也很强，正是因为想要让每一个听众都接受他们的观点和意见，他们才会情不自禁地采取夸张的动作，更加强化自己的观点。他们虽然极其富于感染力，但是由于过于沉浸在自己的世界中，导致他们很容易形成以自我为中心且目中无人的特点，使那些与他们一样想要成为人群焦点的人并不欢迎他们，而且有些深沉内敛的人也会基于理智思考的出发点，对他们有不同的看法。

作为这家公司销售部刚刚上任的销售主管，李锐青显然是个极富感染力

的人。早在上任的第一天，她就激情澎湃地给团队里的所有成员开了动员大会。原本死气沉沉的团队，在她声嘶力竭、手舞足蹈、眉飞色舞的演讲中，笑声不断，同事们的心情也似乎亢奋起来。尤其是对于那些初入团队的新人们，通过李锐青激情澎湃的描述，他们似乎看到了美好的未来，也预见到了自己精彩的人生。

不过，对于李锐青的表现，那些老同事则有不同的看法。他们不以为然地说："哼，忽悠呗，不知道有没有真本事，还得真刀真枪地干出来，才是真本事！"新人当然不理解老同事所说的是什么意思，但是让这些老同事惊讶无比的是，在短短的一个多月里，新人居然陆陆续续地都出了业绩。原来，李锐青不但演讲起来激情澎湃，而且对于员工的管理也是区别对待的。对于那些曾经业绩突出且稳定的老同事，他根本不管不顾，采取放任自流的态度，给予他们最大的空间。对于新人，她则严密管理，甚至规定新人每天每个时间段应该做什么事情，形象地说，就是把新人按照她的标准培养得整齐划一，果然效果显著。

李锐青显然是个情商很高的管理者，她知道那些在销售行业做了很久的人大多数是有些自由散漫的，而且也不喜欢被管理，因而只要那些老同事能够出业绩，她乐得自在。但是对于初入销售行业的新人而言，对于行业完全是未知的，也不知道自己每天该干什么，这恰巧可以让她充分发挥控制欲，把新人管得死死的，让新人意识到只有照她说的去做，才能出业绩。就这样，她的区别对待管理法效果显著，事半功倍，让她也得到了领导的刮目相看。

所谓管理者，做的其实就是人的工作，只要能够激励员工，其实管理者距离管理成功就迈出了一大步。很多管理者本身的能力很强，但是在带领团队集体奋战的过程中，总是觉得差些火候。究其原因，就是他们根本没有以慷慨激扬的演说感染下属的能力，所以导致整个团队死气沉沉，也缺乏凝聚

力和向心力。

代词虽小，用起来大有讲究

在与他人交流的过程中，除了要给予他人恰到好处的称呼之外，我们难免需要使用代词。通常情况下，对人的称呼往往是我们精心挑选的，代表了我们对他人的尊重、肯定和认可，或者也能表达我们的很多负面情绪，诸如藐视、轻蔑的态度等。相比起称呼，我们在使用代词的时候则往往更加随意，恰恰因为如此，代词更加准确地反映了我们的内心，是我们内心深处不加掩饰的表达。为此，在交流的过程中，如果你想更加深入地洞察说话者的心理，那么你完全可以留意他对代词的选择和使用。

在看一部文学作品时，如果作者通篇都采用第三人称的代词，那么读者会明显感觉到作者冷静理智和客观的态度。他完全不想掺和进这部作品，所以就像一个事不关己、高高挂起的旁观者一样，一直作壁上观。反之，如果作者采取第一人称的叙事方法进行讲述，那么读者就像是在跟着作者回味他的过去一样，始终感觉身侧有人陪伴着鉴赏这部作品。很多情况下，这种采取第一人称写作的态度，往往更真诚，也更加让人感到亲切。熟悉人称代词的人知道，如果一个人说话的过程中频繁地出现“我”，则往往意味着这个人的自我意识更强，而“我们”则代表说话者与出现在他话里的人之间关系亲昵。办案经验丰富的警察同志在经过无数次审讯之后，发现大多数受害者都以“我”来指代自己，而以“他”或者“她”指代犯罪者，这种对立的关系，让人感受到受害者和犯罪者之间水火不容和势不两立。而作为亲密无间、感情深厚的夫妻，在说起任何一方的父母时，如果使用“咱爸咱妈”，就说明夫妻间关系亲昵，与老人的相处也是非常和谐融洽的。总而言之，这

些人称代词虽然只有简短的一两个字，但是却能表现出说话者深层次的心理状态。如果在交流的过程中敏锐地捕捉到它们，能帮助你深入了解说话者的内心，使你与他人的交流更加顺利。

最近，市里发生了一件恶性的强奸杀人案，受害者是一位年轻貌美的女孩。这个女性明显是被勒住脖子窒息而死的，从她死前的状态来看，并没有经过痛苦的挣扎。最让人发指的是，嫌疑人先是勒死了女孩，之后又对女孩实施了强奸行为，其罪行严重。为此，公安局马上组成专案组，集中攻破此案。

经过一番走访，办案警察把视线都转移到这个女孩的男朋友林强的身上。原来，女孩在被杀害之前，曾经与林强约会。在询问林强的过程中，警察敏感地发现了一个巨大的疑问。原来，林强是这样描述自己与女孩的最后一次约会的："我们的约会是一个星期之前就定好的，因为我当时在出差，所以就定在一周之后的昨天。我们先是去簋街吃了她最爱的麻辣小龙虾，然后我们又一起去看了场电影。电影很有趣，是爱情片，她看得很开心。后来，我们出了电影院遇到了我们共同的朋友，因而就又去旁边的酒吧喝了几杯，闲坐了一个多小时。之后，我与朋友告辞，把她送回了家。我只把她送到楼下，因为很困倦了，在楼下分手之后，我就回家了……""我？""我们？"警察发现，林强在讲述的前半段，一直用"我们"称呼自己和女友，但是等到了后段之后，他口中的"我们"就消失不见了，而是变成了"我"和"她"。直觉告诉警察他们之间一定在后来的时间里发生了不愉快，因而深入挖掘，最终查明了真相。原来，女孩准备和林强分手，却一直不知道怎么说。在酒吧喝了几杯酒之后，女孩才说了出来，这让当着朋友的林强觉得非常恼火，也很没面子。因而，他急急忙忙地和朋友告别，然后就说送女孩回家，却因为在回家的路上发生激烈的争吵，在酒精的刺激下冲动地杀了女孩，后又进行了强奸。

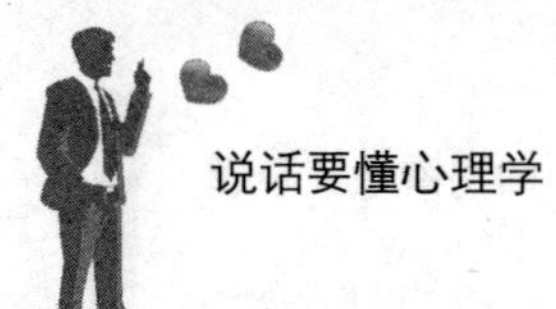

在这个事例中，警察的经验是非常丰富的，仅凭林强在叙述过程中人称代词的改变，他们就敏感地意识到林强与女孩的相处肯定有问题。从而集中火力，顺藤摸瓜，最终顺利地查明真相。

从心理学的角度来说，通过人称代词的使用情况分析人的内心是有科学依据的。毕竟人称代词的使用并非全都出于审慎的考虑，大多数情况下是直接地选择，因而更能反映说话者内心的状态和所思所想。举个最简单的例子，如果你问一个人你的建议怎么样，他回答“我觉得很好”，就说明他是发自内心地认可你。相反，假如他含糊其词地说“好主意”“不错”或者“你很棒”等，则说明他对于你的认可并非出自真心，很有可能是敷衍，或者为了顾全你的面子，才没有直截了当地反对。需要注意的是，任何事情都不是绝对的，我们也不可能仅凭代词就断定他人的想法。很多事情都需要综合衡量和考虑，在与他人交谈的过程中，我们一定要结合当时的实际情况，再根据说话者使用的代词，以及观察说话者的表情声调等，理智客观地做出判断。

说话慢半拍，如何更好沟通

每个人说话的频率和节奏都是不同的，有些人说起话来就像机关枪，噼里啪啦响个不停，有的人说话则慢慢吞吞，声调也很低，就像是怕惊扰了谁的美梦。生活中，如果你是个急脾气，说起话来如同大珠小珠落玉盘一样干脆利落节奏快，那么你肯定曾经遇到过这样的情况：你如同打机关枪一样说了半天，滔滔不绝，唾沫横飞，正当你以为对方已经完全被你吸引时，却注意到对方的眼睛里满是疑惑，良久才盯着你说：“什么？你是什么意思？”你是不是觉得瞬间石化，因为你说的都是白费，对方或者没听清楚，或者没

听明白，总而言之，根本不知道你在说什么，也就意味着你的话没有任何意义，你还要从头到尾地复述一遍。在复述的时候，你万分沮丧，就像剩饭难吃一样，让你把前一分钟刚刚说过的话再说一遍，你也是毫无兴致了。

如何才能更好地与说话慢半拍的人沟通呢？实际上，说话慢半拍的人绝不仅说话慢半拍，包括思维也会显得更慢一些。正是因为思维相对慢一些，所以他们需要更长的时间理解别人所说的话，然后再进行思考，最后才能做出反应。因此，在与说话慢的人交流时，我们的表达也应该语速放缓，这样才更有利于对方理解、消化和吸收。此外，还要注意给予他们更多的思考时间，从而他们才能做出更好的回应。

通常情况下，思维和说话都慢的人，自己也是知道的。尤其是在对方不停地说，如同连珠炮时，为了避免尴尬，他们也许会使用一些毫无意义的语气词，起到缓解的作用，例如“嗯”“哦”“原来如此”等。这些语气词并没有实在的含义，往往是放之四海而皆准的，因而用在很多场合都能作为应急的反应。此外，还有些慢半拍的人会采取转移话题、唉声叹气、左顾右盼的方式，以搪塞你的发言，你也应该多多留意，及时调整语速，避免尴尬。

正在谈恋爱的小楚，如今心情很不好。原来，小楚的妈妈不喜欢小楚的男朋友斯通。斯通是个美国人，很多思维方式、人生观念都与中国人不同。当看到小楚把这个金发碧眼看起来很像老头的美国人带回家时，妈妈简直要崩溃了。好不容易包了顿饺子把斯通搪塞走，妈妈马上与小楚进行思想交流工作。

妈妈：“小楚，我不想让你和一个老外谈恋爱！”

小楚：“妈妈，为什么呢？斯通很优秀，他和大多数美国人不同。”

妈妈：“我不管，总而言之我就是不想让你与他谈恋爱。你看看，他长得跟个毛猴子似的，浑身都是毛，而且他还有体臭，你难道闻不到吗？万一以后他把你带到美国去了，我去哪里找你呢？我想见你一面都难了。你虽然

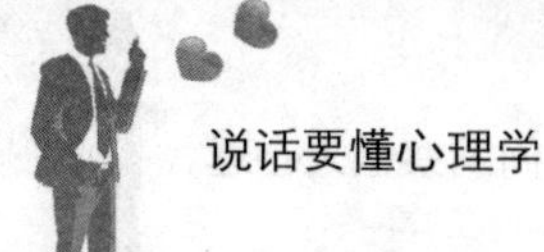

已经长大成人可以自己做主了，但是你看看，我守寡十几年，一把屎一把尿地把你养大，供你读书，我可不是为了让你找个毛猴子来气我的。要是咱们家里的亲戚朋友知道这件事情，也许会笑话咱们的，你姑姑舅舅家的女儿都找了高大英俊的男朋友，你让我的老脸往哪里放啊……"

此时此刻，小楚正想着妈妈口中的毛猴子——斯通的浪漫和幽默，况且去美国生活也没有什么不好的啊！也许，还可以把妈妈一起接过去呢！她一边听着妈妈说话，一边不停地"嗯嗯啊啊"，最终在妈妈停止说话开始抹眼泪的时候，小楚脱口而出："妈妈，斯通真的很浪漫，也很体贴，他就是我理想中的男朋友！"

妈妈被气得一句话也说不出来，合着她刚刚苦口婆心地说半天，都白费了呀！

对于妈妈的话，正在神游的小楚根本没听进去。她虽然不停地嗯嗯啊啊地作出反应，但是实际上心思早就跑到斯通身上了。因而，在妈妈苦口婆心地说了一大通之后，她依然满心满脑子都是斯通的好。这样的小楚，让妈妈很无语。

生活中，如果听话的人神游物外，交流就是无效的。因而，如果你正在说很重要的话，或者你希望听话者能够一字一句地记住你说的话，那么你一定要非常认真地看着对方的眼睛，不但要听到对方的回应，更要与对方进行眼神交流，这样才能使交谈的效果更好，避免一个人的独角戏，避免交流的无用功。

掌握话题有技巧，灵活机动更巧妙

如果谈话始终顺畅，那么话题的选择必然非常成功，所以才能一通百

顺，而且让参与交流的人都感到非常愉快。但是如果谈话的话题选择不当，或者在交流的过程中才发现这个话题不能使人感到愉悦，则需要及时转移话题，从而调整谈话的气氛，使谈话继续友好地进行下去。毫无疑问，转移话题是需要技巧的。因为如果等到尴尬冷场之后再生硬地转移话题，原本和谐融洽的氛围很难恢复。因此，转移话题要采取不那么明显的、比较自然的方式。

有些人喜欢扯闲篇，尤其是那些退休的大爷大妈们，交谈往往漫无目的，说到哪里是哪里，总归比干坐着强。但是对于时间宝贵的年轻人而言，尤其是分秒必争的职场人士，交谈就应该说是有效的，有意义的。很多人都曾在交谈中遇到过这样的情况，即原本一个话题说得好好的，却突然间交谈双方都陷入沉默，根本不知道下一步应该继续说些什么。如此闭塞没有衍生空间的话题，未必是个好话题。这样的暂停，也许是因为你说了一句什么话，让对方无法回答；也许是因为对方突然觉得兴致索然，没有兴趣继续谈下去；也或者是因为其他交谈对象突然间的打岔。需要注意的是，打岔是破坏交谈的最致命的一种方式。一个总是喜欢在他人说话间随便插话，或者打断他人说话的人，不仅以自我为中心，不懂得尊重他人，最终也是不受欢迎的。即便对于他人的话题不感兴趣，一个有涵养和有素质的人，也会耐心地听下去，以表示对他人的尊重。

近来，丹丹单位的好几个同事都在换房，而且都是与丹丹关系比较好的女同事。为此，丹丹在单位一天的时间里几乎耳朵都要磨出来老茧了，渐渐地，从不动心换房的她心里也开始长草，回家之后，便在老公大壮面前提起了换房的事情。

丹丹说："老公，我单位里的好几个同事都在换房，说孩子大了，家里不够大了。我想，咱们淼淼也已经8岁了，也需要有一间书房了，不如咱们也换房吧！既然早晚都要折腾，不如早点折腾，还能早点享受呢！"大壮

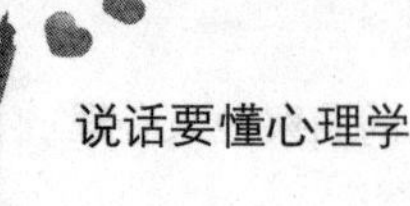

不易觉察地皱起眉头，打从丹丹说起单位的女同事在换房开始，他就开始担心丹丹也会动心，因而他决定先发制人，转移话题。他说："大房子当然住着舒服，不过，我觉得我的工作不太稳定，你的收入也不高，以咱们的经济能力，似乎无法支撑换房子和养孩子的双重压力啊……"接着，大壮开始诉说自己工作的状况，说起单位中很多同事的钩心斗角，最终丹丹听得哑口无言，也觉得大壮说得很有道理，只得作罢。

在这个事例中，大壮没有直接否定丹丹换房的想法，而是从谈话一开始，就潜移默化地改变了主题，开始谈起自己在单位的各种艰难，而且还罗列了家庭生活的沉重负担。这样一来，虽然丹丹感觉到大壮是想逃避话题，也觉得大壮说得很有道理，无可指摘。

家庭生活中的很多争吵都是因为沟通不到位引起的。在这种情况下，如果人人都能像大壮学习，巧妙地转移话题，也就能够摆事实讲道理，最重要的能够避免争吵的发生。虽然转移话题看起来很容易做到，但是却需要非常婉转。如果一个人能够游刃有余、随心所欲地转移话题，那么无疑是人际交往的高手啦！

正确的称呼瞬间拉近你与他人的距离

一只小蚂蚁想去走亲戚，但是她找不到路。在路上，她看到大象，问："喂，去十八里湾怎么走？"大象不理她。走着走着，小蚂蚁又遇到一只小狗，她问："喂，去十八里湾走哪条路？"小狗也不理她。小蚂蚁走啊走啊，好不容易才碰到小狐狸。远远地，她就看到小兔子像小狐狸问路，小狐狸不但耐心解答了，还非常负责地用手指了指路。等到小蚂蚁走到近前时，又问："喂，去十八里湾怎么走？"小狐狸一言不发，瞪着小蚂蚁。小蚂蚁

恼羞成怒地说："为什么小兔子问路你就告诉，我问路你们都不告诉呢？"小狐狸这才慢慢吞吞地说："你总是喂啊喂啊的，我们哪里知道你在问谁呢？难道大家都叫'喂'吗？"小蚂蚁恍然大悟，羞愧地低下了头，良久才说："小狐狸哥哥，请问十八里湾怎么走啊？你可以告诉我吗？"小狐狸马上高兴地给小蚂蚁指路，小蚂蚁很快就到了亲戚家。

在这个故事里，因为不能恰到好处地称呼其他小动物，小蚂蚁总是得不到它们的回答。因此，她不得不走了很多弯路。直到遇到小狐狸，小蚂蚁才知道自己哪里做错了。及时改正错误之后，小蚂蚁得到了小狐狸的耐心解答，终于到了亲戚家。现实生活中，有很多人都不知道称呼他人的重要性，尤其是在向他人请教或者求助时，如果做不到正确地称呼他人，也就往往会被拒绝。在初次见面的人之间，正确的称呼还能在最短的时间内拉近你与他人之间的距离，使你们变得彼此熟悉和友好。

作为一名清洁工，小马很为自己能进入报社工作而感到骄傲。要知道，她可是在人才市场上守候了好几天，才被报社后勤部的负责人宋主任看中了，招进报社的。为此，她上班第一天就穿戴得整整齐齐，她觉得自己一定要配得上报社文化单位的形象。

小马很勤快，一大早报到之后就开始干活。快到中午时，她看到了招聘她进来的宋主任，赶紧喊道："宋大姐，您来啦！中午好哈！"这时，原本埋头干活的那些编辑们全都窃笑起来。宋主任满脸通红，不好意思地说："哎呀，受不起受不起，马师傅，您以后就叫我宋老师吧，我们这里都是这么称呼的。"这时，小马才知道为什么大家都在窃笑，仔细想想，自己这个"宋大姐"的称呼岂不就是土得掉渣么，和报社里的书香气息一点儿也不般配。为此，她马上鞠躬道歉，说："对不起啊，宋老师，我是个粗人，说错话了。以后，我会记住的。"从此之后，小马再也没有用大哥大姐之类的称呼叫过单位里的同事们，全都以老师作为统称。

在文化单位，很多同事之间都习惯以老师互相称呼。一则是因为老师代表尊重，二则老师和老师之间也没有明显的等级之差，显得更加平等。由此可见，在称呼他人的时候，我们不但要看对方的年龄、性别等，也还要注意对方的身份、地位和文化层次。

需要注意的是，所谓正确的称呼，并非越代表尊重越好，这也是要区分关系的。例如很多好得和一个人似的闺蜜、铁哥们之间，称呼小名或者亲昵的外号，也许最好。否则，如果你称呼自己的闺蜜为“尊敬的女士”，她一定会觉得你神经错乱了。但是对于那些不太熟悉的人，则一定要非常尊重。例如你平日里喜欢称呼自己的爸爸老张，但是对于一个和爸爸同龄的领导，你也毫不避讳地称呼其老王，那么你的职业生涯也就到头了。由此可见，我们必须根据双方的关系、事发时的情境，以及对方的脾气秉性等，综合衡量和考虑，才能找到最恰到好处的称呼。

第03章

人际交往，巧妙用心察言观色才能通达

在一切的人际往来中，洞察人心都是关键。如果你与他人交谈时说话总是驴唇不对马嘴，又怎么能够与他人愉快地交谈呢？当交流无法起到预期的效果，人们之间就会产生误解，对于感情的加深也失去了本该有的效果。这样一来，人情世故就会成为你发展的障碍，甚至成为你人生的绊脚石。

了解他人，你才能成为沟通高手

语言并非我们所理解的那样只是简单的说话，它的内涵比说话更广泛，也更深刻。语言的表达，不仅仅是传情达意，也能表现出一个人的知识、涵养、性格、兴趣和喜好等。当然，很多人作为运用语言的高手，也许会把话说得滴水不漏，但是却不能把自己的声调语气和肢体语言也很好地掩饰和伪装起来。这些无意识的表现，恰恰是通往每个人内心的桥梁。

说话涉及的方面很多，例如表达的方式、说话的语气和声调等，再加上说话时的各种肢体动作，更是让人们的内心在语言之下暴露出来。那些当久了领导的人，说起话来难免带着官方的味道，听上去完美无瑕、无懈可击，却显得有些不够真实和实在；那些说话时总是有所保留，即便是和很亲密的人说话也依然给自己留有退路的人，实际上是非常谨慎和小心的，他们自我保护意识很强，从来不会轻易相信任何人；有些人一张嘴就是“我妈说”，这样的人虽然看起来已经是成人，实际上缺乏主见，习惯了让妈妈当家做主，安排他的人生：有些人说起话来啰啰唆唆，几句话能说完的事情非要说个没完没了，性格必然拖泥带水，遇到事情很难在短时间内做出决定；那些喜欢传播流言蜚语的人，实际上内心很孤独，希望从流言蜚语的传递中获得他人的认同和关注……总而言之，在语言表达时的不同表现，都带着不同的性格、人格和心理，我们必须细细观察，才能透过现象看本质，在最短的时间内成为沟通高手。

要想了解他人，成为沟通的高手，一味地说显然是不行的。聪明人能够想明白，听比说更重要，这也是上帝为什么要人拥有两只耳朵而只拥有一个嘴巴的原因！除此之外，在计划与陌生人进行交流时，我们还要学会提前做好功课。尤其是在职场上，很多谈判或者会晤都是至关重要的，往往会影响人们后续的合作。因而，在交谈开始前先做足功课，从各个渠道收集关于对方的资料，更好地了解对方的脾气秉性、兴趣爱好，往往会推动交谈进展得更顺利。

对于这次谈判，小薇已经准备了很久。这次谈判的对象是公司最大的潜在客户，一旦成功签约，对于整个公司的前途和命运都是影响深远的。为此，小薇不但对于项目做足了准备，还细心地通过各个渠道，了解到对方公司的谈判代表张副总是一个喜欢户外运动的人，还常常去人迹罕至的地方探险呢！为此，小薇特地了解了世界上一些知名的旅游胜地、探险胜地。

果不其然，张副总也是有备而来，对于小薇提出的好几个方案，都因为有瑕疵而否决了。眼看着谈判陷入僵局，小薇提议先吃饭，下午再继续谈。当然，小薇要尽地主之谊，她选择了本地最好的一家西餐厅，其实她是想把谈判从会议室转移到西餐厅来，以一种更加和谐的方式进行。吃饭的时候，张副总自然地说起他去过的某个地方牛排最好吃，小薇呢，虽然没有去过，但是因为做足了功课，所以丝毫不怯场。她谈笑风生地说："张副总，您走遍世界，见多识广，是不是也吃过撒哈拉沙漠里的骆驼肉呢！据说，有很多人都吃不惯骆驼肉。"张副总惊讶地笑了，说："哦，你对这个也有研究？"小薇笑了，说："我呀，自从读了三毛的《撒哈拉沙漠》之后，就无限神往。本来，我还和老总说呢，如果这次签约顺利，我一定要争取半个月的带薪假期，亲自去看一眼撒哈拉沙漠，那可是每个三毛迷魂牵梦绕的地方啊，也是无数探险家的乐园。"张副总突然对眼见这个娇弱的小薇另眼相看起来，马上详细地告诉小薇去撒哈拉沙漠的注意事项，以及那些值得观赏的

著名景点，还有事关安全的很多地方。看到张副总这么用心，小薇感激地说：“谢谢您啊，张副总，看来我的撒哈拉之行能够得到您的成全了，要不然您岂不是和我白费口舌？”听到小薇的话，张副总笑着说：“当然当然，总会有机会的，你这么优秀！”

经过西餐厅的一番轻松愉悦的交谈，小薇明显感觉到下午的谈判进展得非常顺利。对于此前因为小瑕疵被否定的方案，张副总居然主动给出改良的意见，就这样，他们很快就针对合作的很多方面达成了共识，谈判圆满结束。

在这个事例中，小薇之所以能够扭转局面，最终促使谈判成功，就是因为她事前做足功课，能够和热爱旅游与探险的张副总相谈甚欢，而且对于那些世界著名的旅游胜地，也有自己独到的见解。如果你也像小薇这么用心和细致，也许生活和工作上都会顺利很多哦！

当然，交谈的情况总是千变万化，我们还应该把握交谈对象在交谈中细致入微的变化，才能更加及时地洞察他们的内心世界，从而更好地为接下来的谈话做铺垫，使其水到渠成。

细致入微的观察，助你改变世界

众所周知，我们想要改变世界很难，但是改变自己却相对容易。因而人们常说，心若改变，世界也随之改变。然而，又有人说人最大的敌人就是自己，如果不能很好地改变自己，超越自己，战胜自己，我们又谈何改变世界呢？到底这两种说法哪种才是正确的，其实并没有定论。任何事情都不是绝对的，当万事万物都处于不断的改变之中，我们必须掌握一定的技巧，才能心想事成，如愿以偿。

现实生活中，每个人都有自己既定的思维方式和表达习惯。尤其是在一种习惯已经适应我们几十年之后，想要改变是很难的。在人漫长的一生之中，也并非都是让我们高兴的事情，生活也常常不如意，因而每个人都难免会积压一些负面的情绪，导致自己的心情越来越焦躁。在这种情况下，每个人都需要不断地自我完善，自我提升，最终才能让自己更加完美，也容易为他人所接受和认可。

现代社会，很多80后都是独生子女，更别说90后了。他们从小在父母无微不至的关怀和照顾下长大，甚至还独占爷爷奶奶的宠爱，因而早就形成了唯我独尊的思维模式和行为习惯。别说是在生活和工作中照顾他人，与同事合作了，甚至是在交谈之中，他们也往往自说自话，一味地表达自己，根本不在乎别人对他们的话有何反应，更不会想到他人对于他们的话会产生怎样的情绪。在他们心中，语言根本毫无禁忌，他们的喜好就是表达的唯一标准。这样的交谈，未免会使交谈者产生不好的体验，毕竟没有人想在交谈中被彻底忽视和漠视。那么，作为现代职场主力军的80后们，一定要让自己变得细致一些。只有你用心地观察世界，世界才会真诚地敞开怀抱接纳你，你也才能顺利地改变世界。

一个周末的午后，很多年轻人站在公交车站旁等车。原来，他们是要去参加相亲大会啊！从这些年轻人的交谈中得知这个消息后，公交车站旁的一个擦鞋童显得很兴奋，另一个却因为生意惨淡而丝毫提不起兴致，一副无精打采的样子。

很快，那个兴奋的擦鞋童就开始展开行动了。他不停地吆喝着：“帅哥们，头要光鲜，鞋也要光亮，可别让灰尘蒙蔽了漂亮女孩的眼睛啊！”他的喊声刚落，就有几个年轻人笑着走到他的鞋摊前，光顾生意。他手里忙着，嘴里可没停下来，一边卖力地擦鞋，一边继续喊道：“帅哥们，擦了皮鞋，光亮可鉴的鞋子一定能够为你们加分啊！”就这样，他的鞋摊前很快就排起

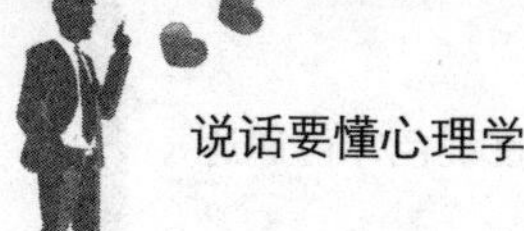

了长队，而另外那个蔫头耷脑的擦鞋童看守的鞋摊，依然空无一人。有些等待的年轻人笑嘻嘻地说："小家伙，就凭着你的吉利话，我们也要擦擦皮鞋，讨个好彩头呢！"很多年轻人看到时间还早，公交车过了一辆又一辆，都没有搭乘，而是忠诚地守在鞋摊前等候着，一定要把皮鞋擦得光亮照人再去奔赴相亲大会。

两个位置一样的擦鞋摊，因为有了不同的主人，擦鞋的生意也截然不同。原本无人光顾的鞋摊，因为那个擦鞋童机灵的吆喝，突然间就变得门庭若市，甚至还要排队才能得到擦鞋的机会。归根结底，这都是因为擦鞋童心思敏捷，能够抓住商机。

虽然另外一个擦鞋童一定也听到了这些年轻人是去参加相亲大会的消息，但是他却没有马上想到这是一个巨大的商机，因而眼睁睁地看着小伙伴的生意越来越火爆，他的擦鞋摊面前却空无一人。这就是观察的力量。当你真正用心地观察这个世界，你就会找到改变世界的好时机。记住，机会总是青睐有准备的人，而你则要时时刻刻准备好观察和改变这个世界！

重视他人习惯动作，洞察他人内心

在成长的过程中，人们会形成很多习惯性的动作。这些动作如非特殊原因，甚至会伴随人们度过漫长的一生。也许有些人觉得这些习惯动作是毫无意义的，因为在习惯成自然之后，它们总是被漫不经心、不假思索地表现出来，根本不是有意为之。其实不然。习惯动作正因为其已经成为习惯，因而往往能够表现出人们无意识的深层次心理，在人际交往中想要洞察人心时，是非常有参考意义的。

人们的习惯动作有很多种，例如有些人喜欢紧皱眉头，虽然他并没有

什么过分忧愁的事情，但是却因为整日皱着眉头，导致眉心有了个深刻的“川”字；有的人特别爱笑，尤其是女孩，爱笑的女孩运气都不会太差，因为她们的友善也能帮助她们博得他人的友好相待；有些人喜欢把双臂环抱胸前，不管在什么时间场合，都会无意识地环抱双臂；有些人喜欢不停地抖动腿部或者晃动双脚，这样的人往往心浮气躁，缺乏耐心和责任心；还有的人喜欢不停地踱步，似乎脚上的运动一停下来，他的脑袋也会跟着不转圈……总而言之，人的习惯动作数不胜数，而且很多人的习惯动作都不一样。在交谈之中，我们必须细致入微地观察他人的习惯动作，才能更好地了解和把握他人的心理，帮助自己在谈话中占据主动的地位，获得主导权。

进入这家公司之后，小敏非常谨慎。她很清楚，职场上人多，是非也多，再加上利益关系的纠缠，使得职场上的人际关系特别复杂，必须慎重对待，否则就会影响职业前途。为此，小敏很少与同事们谈论工作以外的事情，偶尔有私下的接触，也会谨言慎行，避免惹火烧身。

这个周一，公司举行一年一度的盛大年会。很多外地分公司的同事们也赶了过来，场面非常宏大，也很热闹。每年的年会不但会表彰优秀员工，也会给员工创造机会，让他们在享用精致的自助餐的同时，也能彼此交流。在年会上，很多活跃分子都会四处找人交流，因为他们把年会视为发展人际关系的最好时机。这样一来，很多原本交集不多的部门同事们，都会推杯换盏，大家就像是影视剧里上流社会的那些贵族一样，三三两两地站立交谈，说着些不咸不淡的话。

小敏很内向，不太喜欢与人没有深浅地交流，因而她在与几个熟悉的同事打过招呼之后，就做到角落里的沙发上，吃着喜欢的西点，喝着最爱的咖啡，享受这喧嚣之中的宁静。突然，小敏隔壁部门的一个同事大呼小叫地坐到小敏身边：“哈哈，原来你在这里啊！”说着，这个同事还冲着小敏挤了挤眼睛。小敏有些奇怪，因为她平日工作中与这位同事很少打交道，交情也

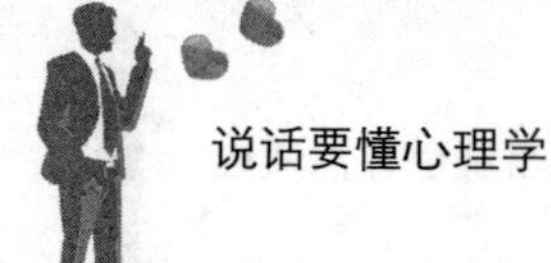

就仅限于见面了笑一笑的程度。不想，这位同事依然兴致勃勃，她凑到小敏耳边，指着远处的两个人说："看看那一对，他们看起来那么般配，也很亲密，我敢打赌他们是隐形的恋人。"原来，小敏所在的公司不允许同事之间谈恋爱，所以这个八卦的同事就无聊地在观察谁与谁是恋人。看着同事不怀好意地笑着指着那对也许是情侣的人，小敏突然觉得很反感，她意识到这个同事一定是流言蜚语的传播者，而且是溜须拍马的两面派，因而赶紧找了个借口走开了。

有些人虽然不关心他人，但是也不会四处打听他人的小道消息，总比上述事例中那个喜欢八卦的同事更受人欢迎。对于这样的小道消息和胡乱猜测，尽管会让很多有着相同爱好的人感到兴奋，似乎窥探到了他人的隐私，但是小敏对此并不感冒。她认为，同事之间日久生情也是情有可原的事情，为了工作而选择地下恋情也是迫不得已，根本与自己无关。反而是这位挤眉弄眼、一看就素质极低的同事，给她留下了很差的印象，她暗暗决定自己下次一定要离这样的长舌妇更远一些。

一个人的面部表情如果太过丰富，非但不会使人觉得生动和值得信任，反而使人对其产生恶劣的印象，觉得他是一个非常轻浮的人，根本不值得信任和托付。这样一来，我们就可以对其心怀戒备，不要被他抓住把柄，四处散播关于我们的流言蜚语。

生活中，每个人的举手投足之间都会折射出一定的心理状态，我们必须通过准确捕捉和把握这些习惯性动作，更加深入地走进对方的内心世界，探索对方的心灵。当你对一个人足够了解，还担心交谈无法达到预期的效果吗？！

穿衣打扮，恰恰是内涵的表达

常言道，人靠衣裳马靠鞍。从这句话不难看出，人们早就意识到服饰对于人的身份、地位和脾气、性格等的衬托作用。关于服装，大文豪郭沫若也说，衣服是文化的外在表现，也是思想的具化形象。这句话生动地告诉我们，一个人的衣着打扮不但能够表现出他的文化层次，也能反映出他的心理状态和思想活动。简而言之，衣服绝非只具有简单的遮身蔽体功能，而且是人的第二语言，能够向外界表现自己，彰显自己的文化素养和思想境界。

和几十年前人们由于经济原因根本没有过多的衣服可供选择的情况相比，现代社会随着经济的发展，物质的丰富，文明的提高，衣服已经不再仅仅是具有遮羞和保暖的功能，还是人们身份地位的象征以及文化思想的具体外在的表现。通常，衣服并非越名贵越好，任何人穿衣服，必须与自己的身份地位相称，才能让衣服起到提升和完善自身的功能。与此相反，假如一个乞讨者穿着一件貂皮大衣坐在街头乞讨，人们一定会觉得非常别扭和尴尬。这就是衣服的社会功能，一定要与穿着它的人搭配合理，才能相得益彰。

很多人都说不要以貌取人，在如今的社会上，这句话已经不适用了。既然我们有经济能力也有客观条件为自己选择更合适更得体的衣服，那么为什么不呢？虽然我们不能绝对地以貌取人，但是在与他人见面或者相会的时候，为自己准备一件得体的衣服，女士甚至还可以化淡淡的妆容，这不但是为了让自己光彩夺目，让别人赏心悦目，也是尊重他人的具体表现，对于人际关系的建立是非常有益的。反过来想，如果你觉得无法很好地了解他人，导致交谈无法进行下去，那么不如在谈话开始之前，用心观察对方的穿衣打扮，对对方有一个初步的判断，做到心中有数。

在相亲大会上，晓萌与好几个男士都有短暂的交集，其中，她对那个穿着红色衣服的男士印象最好。晓萌远远地看到那片红色，就不由得心潮

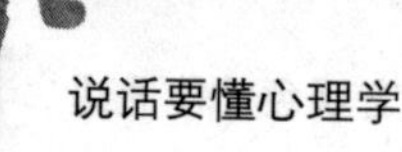

澎湃。她想，红色男士一定比我刚刚交谈的蓝色男士更热情吧。原来，晓萌上一个交谈的男士穿着蓝色的衣服，显得很忧郁。看起来，他对晓萌并不热情，短短的五分钟时间里，他并没有表现出急于交谈，获取更多的信息，而是就那么有一搭没一搭地说着，似乎来相亲根本不是他的本意，而是被人逼着来的一样。

晓萌是个外向开朗的女孩子，这一点从晓萌的衣着上就能看得出来。晓萌穿着卡哇伊风格的衣服，发型也是樱桃小丸子式的，很难想象她居然能跟一个着蓝色服装的男士平心静气地交谈五分钟之久，忍受那难堪的尴尬和沉默。所以，刚刚结束与蓝色男士的交谈，晓萌几乎飞也似的奔赴到红色男士的身边，想要感受他如火的热情。红色男士没有让晓萌失望，他果然与晓萌想象中的一样，也是个外向热情的人。晓萌问："你喜欢吃什么？"红色男士不假思索地回答："这个季节，当然是麻辣小龙虾啦！"晓萌又问："如果是十级辣，你能吃到几级？"男士笑着说："通常是七八级，高兴了就是十级，不过必须配着冰啤哈！"晓萌毫不掩饰地咽着口水："我吃八级，我都馋了，啊哈哈！""那还等什么呢？！赶紧走吧！"说着，男士拉起晓萌就离开了会场，直奔南京最著名的麻辣小龙虾而去。

在相亲大会上，晓萌凭借男士穿衣服的颜色，选择了自己的意中人。其实，大多数男士对于相亲，一般都是比较慎重地对待的。因而，很多男士选择的服装颜色，都并非偶然。热情奔放的晓萌，与性格沉稳淡定的蓝色男士根本不搭。在与蓝色男士相亲时，她就看到了温暖的红色男士，好不容易熬过漫长的五分钟，她就迫不及待地奔向红色男士了。其实早在开始五分钟的交流之前，她就从对方的穿衣打扮上看出了红色男士的一些性格特征，因而他们一见如故，相见恨晚，居然在这个火辣辣的夏季迫不及待地去品偿麻小配冰啤了。

当然，衣服不但能够表现出人们的性格特征和脾气秉性，也可以表现出人们的文化修养和内涵。很多人看起来端庄高雅，也与他们得体的服饰

是分不开的。还有些人穿衣服邋里邋遢，可想而知他们的生活也不会多么有条理。从某种意义上来说，服饰是人们最个性的选择，就像那些大明星在参加各种集会时最怕撞衫一样，每个人都不想失去自己的个性和特色。聪明的你，学会透过现象看本质了吗?

谈论他人不足并非你所想的无关紧要

生活中，有的人斤斤计较，得理不饶人，有的人心宽体胖，海阔天空，从来不把那些看似无关紧要的小事放在心上。这样的宽容与坦荡当然是好事，但是有的时候却会好心办坏事。诸如，你根本不在乎女朋友皮肤黝黑，身材矮小，因而总是在人前人后漫不经心地拿着这个不足和她开玩笑，而丝毫没有觉察到她心底的尴尬和难堪。最终有一天，她忍无可忍爆发了，所以愤然离去，你再次回归到过光棍的日子。不得不说，这样的分手理由让人遗憾。因而，在与他人交往的过程中，不管我们与对方的关系是亲密还是疏远，我们都应该更多地体察对方的情绪和感受，千万不要因为谈论对方的不足觉得无关紧要，而口无遮拦，最终伤了对方的心。

常言道，说者无意，听者有心。生活中的很多误解，恰恰因此而起。即便你真的觉得他人的不足没什么，也不要将其整日挂在嘴上，否则别人的心就会被你的无心之过伤透了。还有些人未免有些小肚鸡肠，自己的不足可以自己说，但是不允许别人说，否则就会暗暗记恨他人，对他人怀恨于心，伺机报复。很多职场人士在升职加薪的关键时刻突然遭遇阻力，殊不知，很有可能仇恨就因为他平日里的口无遮拦而起。所以，不管在生活中还是在工作中，也不管我们是真的无意，还是假的有心，都不要拿别人的不足说事，更不要为此整日嘲笑他人。即使关系再好的朋友，关系非常亲密的爱人，也终

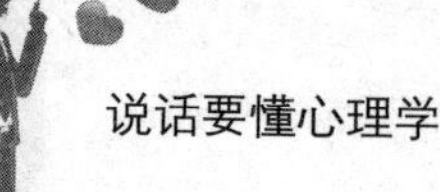

有一日会因为你的调侃无度与你反目成仇，这样的结果岂不遗憾吗？

民间有句俗话，叫当着矬子不说矮话，这句话的意思是，如果你正对着一个身材矮小的人，那么就千万不要总是说矮。这一则是为了避免误会，二则也是对人最基本的尊重。尊重，一定是相互的，如果你不尊重别人，或者被别人误以为你对其缺乏尊重，后果都是不那么让人愉快的。所谓尺有所短，寸有所长，当你在某个方面占据独特的优势时，更要避嫌，不要以此为资本藐视他人，否则就会给他人留下不好的印象，导致人际关系恶劣。

春秋时期，齐国国君派宰相晏子出使楚国。晏子虽然才华横溢，但却身材矮小。到了楚国之后，楚国国君根本瞧不起晏子，非常鄙视他，也没有把他当成齐国的使者看待。为了捉弄矮小的晏子，楚国国君派人关闭大门，只开大门旁边的小门，笑等晏子作何反应。

晏子何等聪明，见到那个开着的小门和紧闭的大门，他马上就知道了楚国国君嘲弄的意味。不过，他丝毫没有表现出愤怒，而是淡定地对门卫说："作为齐国的代表，我出使任何国家都是从堂堂正正的大门进入。不想，进入楚国却要从狗洞进入，可想而知我心中原本非常钦佩和仰慕的楚国是一个怎样的国家了！也罢，到狗国当然要从狗洞进，这原本无可厚非。"说着，晏子就要躬身从小门进入楚国，在一旁静等着看笑话的楚国国君，羞愧得满面通红。

楚国国君并非恶意，也许就是仗着自己位高权重，就想要羞辱齐国的使者晏子。殊不知，晏子此时此刻代表的并不是自己，而是齐国。面对这样的羞辱，他当然不能善罢甘休。虽然他自始至终都没有说出过分的话，但是却不动声色地羞辱了楚国国君和楚国，不得不说，晏子是非常机智勇敢的。

生活中，总有些人盯着别人的不足，恨不得以此为借口好好羞辱他们。面对他人的不足，我们在说话的时候要讲究避讳，不要当面揭别人的短，更不要拿别人的不足当成调侃的由头。如果遇到一个针锋相对、睚眦必报的人，这样的揭短和嘲讽行为，势必演变成一场唇枪舌战，导致交谈不欢而散。

第04章
真诚待人，处世接物要因人制宜

常言道，到什么山头唱什么歌。只有因人因地制宜，我们才能做出最恰到好处的选择，也才能争取利益最大化。尤其是在与朋友、同事，也包括亲人和陌生人等相处的时候，如果缺乏最基本的真诚，那么交往就无法继续下去。与他人交往自然离不开交流，要想让交流和谐融洽，就必须掌握好交流的诸多原则，这样才能赢得他人的认可和赞许。

千人千性，要找到最佳沟通方式

每个人的脾气秉性都是不同的，当然喜好也是不同的。很多人在社交场合之所以能够吃得开，不管走到哪里都受欢迎，就是因为他们能够根据每个人不同的脾气秉性，也根据事发当时不同的背景和情况，说出最恰到好处也直指人心的话来。当然，要想练就这样的本领并非是朝夕之间的事情。打个形象的比喻，变色龙之所以能够在自然界中通过变色保护自己，也是经过了漫长的进化过程，人要想变得像变色龙一样，当然也要多多修炼，勤于用心。

毋庸置疑，每个人都是“顺毛驴”。虽然大家都在高喊良药苦口，忠言逆耳，但现实情况却是，没有人愿意被批评被否定，全都无一例外地喜欢听到赞美的话。既然如此，我们为何不能顺应他人的心意去表达呢？即便是正话反说吧，或者是点到为止，只要能达到目的就好，根本无须局限于形式或者流程。正如一位伟大的领袖人物所说，甭管是白猫黑猫，只要是能抓住老鼠的，就是好猫。

作为中国四大名著之一的《红楼梦》无疑是一幅众生百态图。其中刻画的人物全都栩栩如生，形象鲜明，个性突出。给很多人留下深刻印象的，无疑是王熙凤。王熙凤是个典型的察言观色者，在贾府的大染缸里，她年纪轻轻就当家做主，绝非简单容易的事情。对于自己位于贾母一人之下，而在众人之上的地位，王熙凤也非常珍惜，因而做人行事更加小心谨慎，尤其是把

贾母哄得团团转。

黛玉刚刚进贾府时，看到贾母对黛玉心疼不已，王熙凤自然知道自己该怎么做。因而在王夫人问是否要准备衣料给黛玉时，此前从未想过这个问题的王熙凤马上回答早就准备好了，王夫人深信不疑。自然，王熙凤的这番体贴，贾母是看在眼里的。后来，邢夫人想替老爷讨要贾母身边的贴身丫鬟鸳鸯做妾，王熙凤知道贾母离不开鸳鸯，因而说："最好别碰这个钉子吧，老太太喜欢鸳鸯，离不开她，否则又该说老爷不好好保养身体，也不认真做官了……我可不敢去说。"听了王熙凤的话，邢夫人很恼火，冷冷地说："别的老爷都有好几个妾，怎么老爷就不行了呢！"看到邢夫人生气了，王熙凤马上调转话头，改口说道："其实太太说得对，我年纪轻，不知道好歹。想来父母对于子女，不管多么心爱的宝贝都是舍得的，老太太应该也是如此，肯定会把鸳鸯给老爷。"听了这话，邢夫人马上转怒为喜，喜笑颜开。就同一件事情，在短短的几句话之间，王熙凤就能把话说得截然相反，而且两种说辞都合情合理，让人听了都觉得深以为是，不得不说这是王熙凤的本事。

每个人都有自己不同的脾气秉性，王熙凤显然深谙这个道理。在刘姥姥进入大观园中，因为刘姥姥的身份特殊，再加上她与贾母之间的情分，所以王熙凤丝毫不敢怠慢。对于每个人的分量和性格，王熙凤是非常了解的，所以才能在偌大的贾府里做到游刃有余，左右逢源。

为人处世，我们一定要学会针对不同的交往对象，说不同的话。这里所指的不同的话，既指具体的话题，也指说话的语气表情和腔调等。虽然有人觉得这是两面三刀，或者是反复无常，然而，在人际关系复杂的现代社会，唯有更好地做到这一点，我们才能顺利地行走江湖。

性格不同，一种话要变各种说

性格不同的人，为人处世的风格便也大不相同。很多时候，即使是同样的一句话，如果由性格不同的人说出来，效果往往大相径庭。例如你把同一句话对乐观开朗的人说，他也许笑笑就过去了；如果你对悲观消沉的人说，也许会影响他的心境，使他变得更加低沉；如果你对敏感细腻的人说，他或者会左思右想，最终心神不宁；对粗枝大叶的人来说，他根本不会放在心上……总而言之，性格不同，对于这句话的反应也绝对不会相同。

在人际交往的过程中，要想达到事半功倍的效果，我们就要学会针对不同性格的人说不同的话。例如，对于性格外向的人，你只需要做好倾听的工作，对方就能保证不冷场，一直喋喋不休地说下去；对于性格内向的人，要想从他口中得到更多的信息，你就要循循善诱，以温和的方式引导他有兴趣说下去；和执拗的人说话，千万不要与其针锋相对，而应该以委婉的方式努力说服他；和自以为是的人说话，虽然要给予他足够的尊重和认可，但是千万不要一味忍让，适度地反驳也是有必要的……人的性格有多少种微妙的分类，我们的表达就应该进行多少种不同力度的调整，有的时候，需要彻底改变方式，才能适用。

在这次招聘会上，小雅特别想找到一份合适的工作，如果是关于文字的工作，对于她安静内敛的性格而言就更合适了。为此，小雅拿着精心准备的简历在诸多的企事业单位中不停地筛选，直到看到一家大型国企要招聘行政人员，她才满心欢喜地把自己的简历递了上去。

负责招聘的是行政部的主管，看起来文质彬彬的，是个文化人。小雅小心翼翼地问：“您好，张主管。咱们企业是要招聘文职人员吗？”张主管盯着简历快速浏览，头也不抬地点点头。小雅接着问：“听说，咱们企业的待遇挺好的？”张主管有些疑惑地抬头看着小雅，不知道她到底想说什么。小

雅满脸通红，有些害羞，过了很久才继续问："对于现在招聘的职位，您觉得文笔好的话，会有帮助吗？"张主管很不耐烦地抬头看着小雅，一字一句地说："你的各方面条件都不错，等通知吧。"小雅赶紧告辞了。等到小雅走了，张主管对身边的助理说："这个小姑娘各个方面条件都很好，符合咱们的招聘要求，但是太拐弯抹角了。我最怕这样的人，可不敢把她安排到咱们的部门里啊！"助理笑着说："那是，张主管，您可是向来都雷厉风行，敢想敢干的。这样吞吞吐吐的人，只怕咱们整个部门的人在适应了您的工作作风后，都接受不了。"

对于一个爽直性格的招聘主管，小雅因为过于害羞和胆怯，失去了工作的机会。如果她能够察言观色，看出张主管的不耐烦，改变表达的方式，也许结果就会完全不同。不管是在生活中还是在工作中，要想把话说到他人的心里，我们首先应该了解他人的脾气秉性，从而调整自己说话的方式，做到投其所好，就会使谈话的效率成倍增长。

需要注意的是，很多人的心口并不一致。就像古代的很多君主即位之后，总是要求大臣们直言进谏。有些大臣采取保守的态度，委婉表达，最终明哲保身，有些大臣呢，过于实在，果真怀着毫不客气的态度狠狠地批评了皇帝一通，最终不仅丢掉了乌纱帽，性命也不保了。在人际交往中，要想建立良好的人际关系，就一定要在了解他人的基础上投其所好，说话也是如此。

年龄不同，说话也应该侧重不同

不管是在家庭生活中，还是在社会生活中，我们所面对的未必都是同龄人。很多情况下，我们不得不和年纪相差很大的人打交道，而且结果的好坏还直接关系到我们的命运。这种情况下，要想把话说对说好，就必须了解其所在年龄段的心理特点，从而才能把话说到他人的心里去。

对于年幼的孩子，我们谈论的话题应该说热播的动画片、玩具等，还要注意多多鼓励孩子，给予他们更多的信心；对于处于叛逆期的青少年，哄小孩子的那一套显然不管用了，在这种情况下，就要考虑到青少年的叛逆心理，因而言谈间要给予他们足够的尊重和理解；对于同龄的中年人，他们一定和你一样害怕面对容颜消逝，因而要说些赞美他们年轻的话；对于已经到了人生暮年的老年人，千万不要动不动就说夕阳红，或者人之将死之类的话，要知道人是越老越怕死的，我们应该避开衰老和死亡，带给他们更多的活力、朝气和快乐……总而言之，对于不同年龄段的不同性别的人，我们在交谈的过程中应该有所侧重，才能博得他们的好感，使交谈更加顺利。

这几年来，爸爸妈妈一直跟着菁菁生活。随着菁菁的工作变动，他们千里迢迢地从东北搬家到北京，可没少折腾。直到菁菁结婚之后，爸爸妈妈的生活才算稳定下来，给菁菁带孩子，享受天伦之乐。

一个周末，全家人吃完午饭之后坐在一起闲谈，喝下午茶。说着说着，说起了叶落归根的事。妈妈感慨地说："孩子在哪里，哪里就是家。这些年我和你爸爸跟着你东奔西跑，现在你结婚了，也有了属于自己的小家庭，咱们这个大家才算安定下来。"菁菁突然间问："爸爸妈妈，如果有一天你们老了，是想继续留在北京，还是回到老家叶落归根？"爸爸毋庸置疑地说："当然是在你们身边啦！"这时，菁菁的老公不合时宜地说："北京的墓地很贵的。"这句话使全家人都陷入了沉默，大家都不知道该继续说些什么。菁菁狠狠地瞪着老公，说："什么墓地不墓地的，胡说八道什么？况且，爸妈为咱们辛苦一辈子，还不值一块墓地的钱吗？"爸爸妈妈的眼眶红了，下午茶不欢而散，大家的心情都很沉重。

原本是很快乐的周末午后，因为一个不合时宜的话题，导致谈话陷入

僵局。对于菁菁而言，父母已经跟随她很多年，照顾她，扶持她。如今，父母年纪大了，还在任劳任怨地帮他们带孩子，欠父母的恩情是无论如何也还不完的。原本菁菁问父母老了之后想在哪里生活，只是想要给父母更好的归宿，也怕父母为了帮助他们而不好意思提出要回家的事情，结果丈夫一句“墓地很贵”，让整件事情都变了味。

其实，越是年纪大的人越是迷信，不愿意说这些晦气的话。丈夫的话却把话题陡然扭转到关于生死的讨论上，对于年纪还不算老迈的父母而言，未免觉得有些晦气。又加上女婿担心昂贵的墓地，更是让他们感到心寒。其实有很多开明的老人都会提前为自己准备好墓地，甚至在生前就四处查看。但是对于大多数老年人而言，他们更愿意这么不声不响地悄悄活着，生怕阎王爷会找上门来。

每个年龄段的人都有自己的喜好和忌讳，我们唯有更好地了解他人的内心，才能避免说出让他们感到晦气或者沮丧的话。在与他们交流的时候，也才能更加体贴入微地照顾到他们的心情，使他们在交谈的过程中变得平静愉快。古人云，知己知彼，百战不殆。在生活中的很多情境下，这句话都是至理名言，我们应该奉若圣旨。

社会地位不同，说好话才能打动人心

社会地位，即每个人在社会生活中扮演的角色相对应的地位。所谓三百六十行，行行出状元，虽然我们提倡平等，但是毋庸置疑，社会地位的差距是巨大的。举个最简单的例子，一个沿街乞讨的乞丐，和美国总统的地位是截然不同的，他们一个在地上，一个在天上。如此巨大的悬殊，你难道会在面对乞丐和美国总统时采取完全相同的说话方式吗？当然不会。

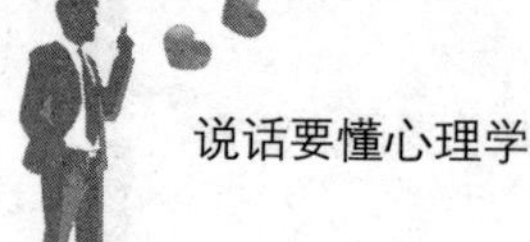

对于社会地位不同的人，聪明人总会在开口之前仔细斟酌，这样才能保证自己所说的话不至于犯太大的错误，也不至于给自己丢脸。因为地位不同，处于社会生活各个层次的人们往往视野不同、观念不同，价值观、人生观、世界观等都各不相同。在这种情况下，我们唯有说符合自己社会地位的话，说贴合听者社会地位的话，才能把话说得恰到好处，打动人心。

西汉末年，平帝在位时，王莽在朝廷中势力庞大，而且生出了篡夺王位的野心。那个时候，平帝还是个小孩子，在皇太后和诸位大臣的辅佐下处理朝政，因而皇后之位一直空着。思来想去，王莽终于想出了一个好主意，他下定决心要让自己的女儿成为一国之母，这样他在朝廷里的势力就会更加强大，地位也会更加稳固。为此，他特意找机会向皇太后提出建议："皇帝已经即位三年有余，是时候立皇后了。"皇太后一口应承下来，等到消息发布出去之后，很多权贵都争先恐后地给女儿报名参选皇后，王莽也在其中。

出乎王莽的意料，很多女孩都特别优秀，不论相貌人品还是学识，都远远在他女儿之上。如果公平竞争，他的女儿肯定会落选，为此他特意拜见皇太后，佯装推辞："我的女儿是个平庸之辈，不能与那些有才情品德和相貌的女子一起竞选。恳请皇太后下令，让我女儿不再参加竞选皇后吧！"皇太后很信任王莽，根本不知道王莽是欲擒故纵，因而马上昭告大臣们："我的娘家人，安汉公的女儿不再参选皇后。"安汉公是王莽的封号，此消息一出，大臣们纷纷注意到王莽的女儿也在参选皇后，因而很多人都成为王莽的支持者和拥护者，亲自拜见皇太后给安汉公的女儿求情。这时，王莽见到阴谋得逞，心中暗自窃喜，表面上却去劝阻这些求情的人，结果反而如愿以偿，在众人的极力支持下，他的女儿成功当选皇后。

在这个事例中，王莽显然是个深谙心理学的说话高手。平帝年幼，一切事情其实都由皇太后做主。因而，王莽对皇太后表现出绝对的尊重和服从。当时还处于封建社会，皇太后辅佐皇帝处理朝政，因为是女人，原本就

怕大臣们心生不服。因而看到王莽如此尊重和服从自己，皇太后非常高兴。最终，在王莽的精心表达下，他的女儿成功竞选为皇后，了却了他的一桩心事。可以说，王莽的成功，与他对皇太后的尊重是密不可分的。

如果说话不当，即使说一百句，也是无用的。相反，如果说话能说到点子上，即使只是简明扼要地说几句，效果也会立竿见影。在与他人说话时，我们一定要在考量对方社会地位的前提下，给予对方最大的尊重，而且也要把握对方最大的需求，这样才能把话说到他们的心里去，让他们心甘情愿地回馈我们。

性别差异，同样的话也要大相径庭

男性和女性不仅在生理上差异很大，在心理上差异更加巨大。这种心理上的差异，也许有一部分与生理差异有关系，有的却是因为男性和女性不同的心理构造导致的。正如一位畅销书作家的书名一样——男人来自火星，女人来自金星。哇，男人和女人居然来自不同的星球，由此可想而知他们之间的天壤之别了吧！

通常情况下，男人是直线思维，他们思考问题时是点与点之间的最短距离，即直线。女人呢，思维则更加缜密细腻，她们考虑问题时喜欢牵扯很多无关的问题进来，由此无限地生发开去，最终导致原本简单的问题变得越来越复杂。针对男人和女人截然不同的思维方式，在与男人和女人交流时，我们也要从科学的角度出发，采取不同的方式和方法。

在公司年会上，小童简直成了大家的开心果。平日里紧张的工作氛围不复存在，每个人都放松心情尽情欢乐，小童尤其如此。这不，看到王刚西装革履地从外面走进来，待在门口的小童毫不迟疑地调侃：“哎呦，新郎驾

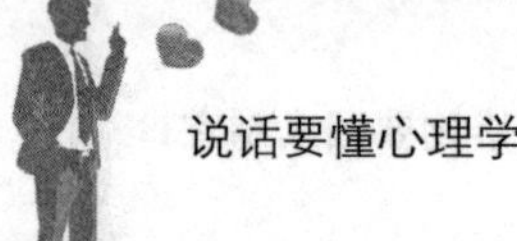

到！你看看，这是谁家的新郎，这么仪表堂堂的惹人爱呢！”王刚玩笑地拍了小童一巴掌，佯装生气地说：“你这家伙，嘴巴没把门的了吧，小心我家母老虎来撕了你！”小童和王刚笑成一团。

正在此时，公司里平日不苟言笑的财务总监林岚来了。林岚工作中喜欢穿套装，显得比较中性，再加上她不苟言笑，总是板着脸，因而很多人都忘记她原来是个女人，而且还是个漂亮女人呢！因为公司规定年会上女士必须穿晚礼服，所以今晚的林岚一席钻石蓝的晚礼服，显得非常华丽高贵。看到盛装的林岚，正在打闹的王刚和小童都愣住了，小童呆了足足有几秒钟，才如梦初醒地说：“王刚，你的新娘子来了！”听到这句话，林岚脸色陡变，冲着小童毫不客气地说：“你是吃错药了，还是哪根神经搭错了，开这种低俗的玩笑？这是公司年会，不是跳梁小丑的大会！”听到林岚如此愤怒的话语，小童觉得难堪极了，满脸通红，但是因为他说错话在先，所以也无可奈何。

在这个事例中，平日里贫惯了的小童，看到王刚就口无遮拦地说玩笑话，也因为是比较欢乐的年会，他得意忘形，在见到财务总监林岚时，居然也过分地调侃起来。殊不知，林岚并不是随随便便的女人，尤其是因为做财务工作，所以总是严谨认真，不苟言笑。再加上她是一位女性，因而在与她开玩笑时就更应该小心谨慎。不想，小童却无所顾忌，最终惹得林岚对他毫不客气，没留一点情面。

男性和女性的心理特点是完全不同的，很多和男性朋友能说的玩笑话，与女性朋友说显然是不合适的。通常情况下，同性之间开玩笑会显得更加随意些，有些闺蜜之间私底下也是无话不说的。但是在面对异性的时候，尤其是男性面对女性时，一定要把握说话的分寸，千万不要因为得意忘形导致说出过分的话来。如果因此使苦心建立的人际关系受损，可谓得不偿失。

第05章

好声音好口才，助你口吐莲花打动人心

每个人都希望自己能够把话说到他人的心里去，得到他人的赏识和赞美。然而，这是需要技巧的。不但需要拥有好声音，更要拥有好口才，我们才能口吐莲花，打动人心。生活中，并非永远都是让人高兴的事情，也有很多事情使人感到万分沮丧和悲伤。每当遭遇突发的事件，或者需要安慰伤心绝望的人，我们的好口才就能派上用场了。实际上，要想拥有好口才，是需要掌握技巧的。接下来，就让我们看看交流的艺术吧！

优美的嗓音，让人对你怦然心动

毋庸置疑，和拥有漂亮的长相一样，拥有一副好嗓音，同样是命运之神的眷顾。那些音质甜美的人，不但唱起歌来犹如天籁，而且还能给人留下甜美的印象。

曾经有心理学家经过研究证实，人们对于外界事物的感知，除了80%依靠视觉之后，至少有14%需要依靠听觉。诸如，现代社会手机几乎人手一部，很多认识的或者不认识的人都需要依靠手机进行沟通。如果是认识的人，因为此前已经形成了一定的印象，所以对于声音的接受程度更高。如果是不认识的人，那么你的声音在最初的时候会给对方留下初步的印象。例如当一个求职者与招聘单位的负责人在没见面时就先进行电话沟通，那么他的嗓音就会给对方留下第一印象。毫无疑问，拥有优美的嗓音，对于我们的生活和工作都会产生一定的影响。说到这里，也许有的朋友会说，我天生嗓音嘶哑，又该怎么办呢？别着急，嗓音除了天生的音色之外，还有很多是可以后天养成的。诸如你的涵养和学识，都会在未见面之前通过嗓音传达给对方。那么，除了我们自己获得很多硬件条件之外，也不要忽视嗓音这个起到很大影响作用的软件哦！

作为一名电话推销员，小雅的推销业绩总是最好的，这让每天和她坐在一起打电话的同事们都觉得百思不得其解。其实，小雅对此心知肚明，因为她接受过关于声音的培训。

有的时候，打电话半天下来，说着千篇一律的话，大家其实都已经很累了。其他同事都已经东倒西歪，愁眉紧锁，小雅却依然正襟危坐，保持面带微笑，就像客户并不是在电话线那端，而是就在她的面前一样。对此，很多同事都调侃小雅："亲，你把自己当成10086的客服了吧，咱们的要求并没有这么严格啊！"小雅却依然坚持自己的原则，说："如果我东倒西歪的，虽然客户隔着电话线，也能感受到我懒散的状态。难道你们不知道吗，眼睛是可以通过电话线看过来的，客户一定能看到我脸上的微笑！"就这样坚持着坚持着，小雅的工作效果突出，得到了老板的数次表扬。很快，她就提拔为该销售小组的负责人。当然，小雅新官上任三把火，一得到提拔，她就开始铁面无私地对原本同组的同事们展开培训，并且要求他们要绝对按照她的标准开展工作。

在这个事例中，小雅正是通过那双看不见的眼睛，把自己对于工作的端正态度，以及对客户的耐心认真细致和友好，传递给了客户。付出总是有回报的，在日复一日的坚持中，小雅的销售业绩节节高升，最终她从同事中脱颖而出，得到了老板的赏识，成为团队的管理者。我们完全有理由相信，在把自己的宝贵经验和大家分享，并且在团队中大力推行之后，小雅的管理成效也一定非常出色。

在人际交往中，千万不要小看声音的重要作用。在飞速发展的现代社会，很多事情都是无须见面就可以达成合作的，在这种情况下，优美的嗓音会帮助你给他人留下良好的印象，对你们未来的合作交流铺垫基础，起到良好的推动作用。

还需要注意的是，有些人说话大嗓门，有些人说话喜欢使用鼻音，还有人因为口音的影响导致发音不准，或者有些人说话语速过快，根本不给人反应和思考的时间，这些都是不利于交流的。要想让自己变成受欢迎的交际达人，我们就必须从各个方面多多注意提升自己。

没有人会拒绝你的赞美

人的本性都是希望得到赞美的，男人喜欢别人夸赞他高大威猛、英俊帅气；女人喜欢别人夸赞她容貌秀美、气质高雅；小孩子喜欢别人夸他聪明能干；老人则喜欢别人夸他老当益壮……赞美似乎有着特殊的魔力，对于任何年龄段和所有社会阶层的人，都是交往利器，无往不胜。虽然人们常说良药苦口，忠言逆耳，但是依然没有人喜欢被批评被否定被贬损。

在人际交往的过程中，种瓜得瓜种豆得豆的规律非常普遍。当你残忍地批评或者否定他人，他人回报给你的必然也是不好听的话。与此相反，假如你发自内心地真诚地赞美他人，即使对方不喜欢你也不欣赏你，他至少会回报给你善意。更多的情况下，对方也会对你好言好语。需要注意的是，赞美必须真诚。官场上那些虚情假意的奉承，往往能够起到表面的效果，却换不来他人的真诚相对。对于朋友、亲人等，我们只有给予真诚的赞美，才能得到他人友好的回馈。虽然赞美是对他人最慷慨的馈赠，但是要想说好赞美的话，并非简单容易的事情。如果赞美不够真诚，如果赞美并非发自内心，如果赞美得不合时宜，那么赞美就会起到相反的作用，让人啼笑皆非。

在商场里，属于微胖界的娜娜正在精心挑选适合自己的衣服。她看到了一件今年的流行款式服装，不过，这个服装腰身很窄，也许并不适合她。出于喜爱，娜娜还是决定试一试。为此，她让导购员给她拿来合适的尺码，走进了试衣间。站到镜子的第一刻，娜娜就认定这件衣服虽然值得欣赏，却并不适合自己，因为把她腰部的游泳圈暴露无遗。为此，娜娜遗憾地对身旁的导购员说：“真可惜，这件衣服我穿不了。”导购员丝毫没有理会娜娜的感受，而是自顾自地说：“女士，这件衣服其实非常适合您。您看看，它的腰身很好，把您苗条的身材完全衬托出来了，再搭配上一双高跟鞋，你会比现在看起来更加高挑的。”娜娜瞪大眼睛难以置信地看着导购员，说：“就

我这样的，还能算作苗条？我也是勉强自诩微胖界吧，其实我完全是肥胖啦！”导购员还是不依不饶：“不会啊，虽然您可能体重比较重，但是您个子高，显得匀称。您看看，你比我可高多了，真让人羡慕啊！”娜娜心中暗自窃笑：“导购员目测也就一米五吧，我其实也还不到一米六，和苗条高挑真的完全不搭界啊！”

娜娜换掉新衣服，决定换一家店再次选购。因为她觉得这个导购员是毫无原则地阿谀奉承客户，根本不可能给客户正确合理的建议。

虽然人人都很喜欢得到赞美，但是如果赞美太虚伪，让人一眼就看出来这个赞美完全是违心的，就会使人对发出赞美的人产生不好的印象，觉得他不够真诚。一旦如此，再想要建立信任就很难了。任何时候，我们都要从客观存在的事实出发，这样才能做到有理有据。

每个人都有优点，都有长处。在赞美他人时，切勿敷衍了事，明明知道事情并不如你所说的那样，却还偏偏蒙蔽自己的眼睛，这样的赞美是不受欢迎的。如果你真的想要赞美起到效果，就应该细心地发现他人的优点和长处。此外赞美还要选择合适的时机，突兀的赞美往往使人不知所措，甚至一头雾水。选择恰到好处的时机赞美，赞美才能起到最佳的效果。情真意切、恰到好处的赞美，不但能够帮助我们建立良好的人际关系，对于我们的人生和事业的发展，也有很大的推动作用。需要注意的是，千万不要把油嘴滑舌的曲意奉承与赞美混为一谈，这两者从本质到形式都是完全不同的。

凡事过犹不及，赞美要恰到好处

很多事情一旦走入极端，就会产生物极必反的效果，赞美也是如此。前文说过，每个人都希望得到别人的赞美，也喜欢听别人说赞美的话。这

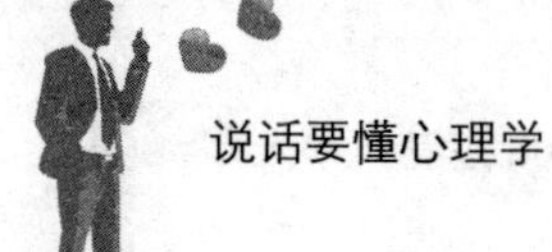

是人之常情，原本无可厚非。通常情况下，人们一旦得到赞美，就会产生自信心，也会对他人变得更加宽容友好。也正因为如此，很多聪明的人在与他人交流的过程中，总是会毫不吝啬地赞美他人，以这样的方式与他人拉近关系，建立友好往来。不得不说，赞美是人际交往的润滑剂，能够帮助我们改善人际关系，收获好人缘。

然而，凡事皆有度，物极必反。赞美，亦是如此。当你的赞美过于慷慨，甚至有泛滥的嫌疑，它就会失去原本的效果，产生相反的作用。很多人为了赞美他人，不但挖空心思，而且随便什么都能拿来赞美，有的时候甚至有睁着眼睛说瞎话的嫌疑，这样的赞美让人很尴尬。因为严重地不符合实情，甚至还有可能让人误以为你是在挖苦讽刺，正话反说。由此想来，过度赞美的反作用是非常强大的，我们必须谨慎地控制赞美的力度和频率，才能使其发挥最佳效果。

今天是周末，妞妞和朵朵一起去商场里闲逛。妞妞想买套护肤品，因而在化妆品专柜前流连忘返。看到妞妞的样子，机灵的导购员赶紧走过来，问："小姐，请问您有什么需要？"妞妞指着专柜里的一款护肤品，说："我想看看这款护肤品。"导购员从柜台里拿出护肤品的样品，开始向妞妞介绍。当她说到这款护肤品有很好的美白效果时，妞妞不好意思地说："我这么黑，从小家里人就叫我小黑妞，就算用了美白产品，估计也是白费吧！其实，我更想买补水保湿的，让皮肤感觉更舒服些。"

妞妞的话音刚落，导购员小姐就赶紧说："不啊，您的皮肤不黑，相反还很白呢！我们这款产品主要是提亮肤色的，如果您使用的话，皮肤一定会变得白里透红，又白又亮？"听着导购员夸张的赞美，再看看镜子里自己黝黑的脸，妞妞吐了吐舌头，说："我想，你对于黑白的标准可能与常人不同。我还是再看看吧，我只想要一款适合我的肤质且能满足我的需求的护肤品。我还是学生呢，白不白对我并不重要，我只是从湿润的南方来到干燥的

北京，暂且有些不适应而已。”

因为导购员睁着眼睛说瞎话，赞美妞妞皮肤白皙，使得深有自知之明的妞妞对其失去了信任。说妞妞不黑还好，但是说妞妞很白，这就是赤裸裸的阿谀奉承了。妞妞只想找到适合自己的护肤品，并不想听到这些毫无意义的奉承话。为此，她决定再换个柜台，找个更加尊重事实的导购员。

从这个事例上我们不难看出，赞美必须以事实作为基础，千万不要虚伪。每个人都不是傻子，而且对于自己的优点和短处都是心知肚明的。与其冒着被误解为挖苦讽刺的风险，虚伪地奉承，不如坦坦荡荡，说些实实在在的话。对于一个皮肤黝黑的人而言，你完全没有必要夸赞她很白啊，你可以说她身材好，或者说她气质出众，甚至还可以夸她当日的服装很有民族特色。总而言之，就是不要睁着眼睛说瞎话，让对方感受到你的急功近利。

心理学专家认为，大多数人的心理都符合晕轮效应，即只要觉得一个人好，就会看他任何地方都很顺眼。与此相反，如果觉得一个人不好，也就会觉得看他哪里都不顺眼。在这种情况下，我们一定要谨慎地赞美他人，千万不要因为赞美的不得当而得罪他人，反而给他人留下恶劣印象，那就得不偿失了。

讲究批评的艺术，才能事半功倍

每个人在生活中都难免会做错事情，因而，每个人都多多少少曾经被批评，也会面临批评别人的情况。毫无疑问，人们都喜欢听到赞美的话，而没有任何人愿意被批评。因而，批评别人是很得罪人的苦差事，必须讲究方式方法，才能把批评的负面效应降到最低。很多时候，因为批评的方法不恰当，或者没有把握好批评的力度，还有可能使接受批评的人产生逆反心理，

再也不愿意与你敞开心扉进行交流。

实际上，批评是一门艺术。恰到好处的批评，应该是能够做到“良药不苦口，忠言不逆耳”，因为以“良药苦口，忠言逆耳”为借口，不顾一切狠狠批评他人的现象越来越少见了。批评的时候，最好先表扬再批评，这样就能起到文法上欲扬先抑的效果，不但让人从心理上不那么抵触批评，也能加强批评的效果，让对方心平气和、心甘情愿地接受批评。对于那些生性腼腆、性格内向的人，我们还可以使用旁敲侧击的办法。尤其是对于聪明人来说，很多话不需要说透，只需要点到即止就好。此外，暗示或者打比方的方法也是不错的，能够很好地照顾对方的颜面，而且达到预期的效果，且气氛和谐融洽，不会有太大的冲突出现。

很多人在批评他人时，定位首先就出现了偏差。他们以为批评是就事论事，一定要把事情说清楚，这当然是批评的目的之一，其实批评的终极目标是让犯错误的人以后不再犯相同的错误，能够真正从心理上认识到问题的严重性。如果批评过于揪着事情本身不放，而忽略了教育的长期目标，就会使被批评的人产生逆反心理，甚至在下次遇到相同的情况时，依然犯错。不得不说，这样的批评是没有任何意义的。只有晓之以理，动之以情，才能真正让对方心服口服，也才能使其真正改正错误，杜绝再犯。

当然，大多数人犯错并非故意，在批评他人的错误时，我们如果一味地居高临下，颐指气使，也会使接受批评的人感到压抑和痛苦。如果能够做到设身处地地为对方着想，至少能够让对方感受到你的体贴和理解，也就不会对你提出的批评建议那么排斥和抗拒，无形中增强了批评的效果。当然，还可以引导犯错误的人站在他人角度考虑问题，从而在未来做人做事的时候能够尽量减少错误。总而言之，不管是批评者还是被批评者，只要能够设身处地地为他人着想，就能更好地理解和体谅他人，也会使人际关系更加缓和和友善。

今天放学，爸爸去接小虎。当时，班级里的很多同学都还没走，有些爸爸妈妈来得晚，孩子们不得不原地等着。刚刚看到小虎，爸爸就问："儿子，考试成绩出来了吗？"小虎胆怯地看着爸爸，欲言又止，爸爸继续追问，小虎只得吞吞吐吐地说："嗯，语文数学还可以，英语考了79分。""什么？"爸爸当即火了起来，说："英语怎么才考了79分？合着我一年花一万多块钱给你报的补习班，白报啦？你现在就告诉我，到底是补习班的老师教的问题，还是你学的问题？"同学们听到爸爸严厉的喝问，有人满怀同情地看着小虎，有人则饶有兴致地看着爸爸。

这时，正在一旁的班主任小声提醒小虎爸爸："这位家长，请您回家之后关起门来再教育孩子吧。成绩的好坏不是一天形成的，因而批评也不要急在一时。你这样当着同学们的面训斥孩子，孩子会觉得没面子的，也会影响他的自信心。"班主任的话让小虎爸爸脸红了，他羞愧地连连点头，带着小虎赶紧回家了。

人前不教子，这句话尽管很多人都知道，却未必能够做到。尤其是在孩子犯了错误，或者学习上考试成绩不如意时，望子成龙望女成凤的爸爸妈妈很容易就会爆发出来，而丝毫不在意时间和场合。要知道，孩子虽然还小，但也是有自尊爱面子的。如果在很多人面前批评孩子，非但无法让孩子真心悔改错误，还有可能让孩子从此破罐子破摔，再也不努力上进，更不在乎父母的批评。这样极端的后果，相信是每个父母都不愿意看到的。

由此可见，批评必须注意场合，一定要保证被批评者的隐私，照顾到他们的自尊心和面子。应该私下里批评的时候，千万不要因为冲动当着哪怕只有第三人的面肆无忌惮地说。除非是公开批评大会，否则很多批评都要讲究私密性。此外，批评的语气一定要委婉温和。对方虽然犯了错误，但是并不意味着他从人格上就低人一等。因而，你必须给予对方足够的尊重，才能让批评进展得更加顺利。总而言之，批评是个讲究艺术性的活儿，千万不要干

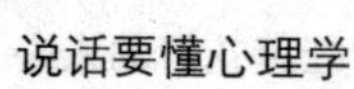

得粗糙，否则就会伤人心，也会使人际关系恶化，导致事与愿违。只要我们合理运用批评的技巧，而且讲究批评的艺术，也许被批评的人不但能够心悦诚服，还会因为你的细致体贴和合情入理而欣然接受呢！

糖衣炮弹，让你的话悦耳动听

小时候，你是否也为了不愿意吃那些苦得人心里打寒颤的药，而与父母玩过捉迷藏的游戏？相信每个孩子都有过这样的经历，因为人的天性就是喜欢甜味，而厌恶苦味。因而，随着社会的发展和科技的进步，现在的很多药都裹上了糖皮，里面虽然依然是苦的，但是吃到嘴里却感觉到甜，让孩子们也不再那么抗拒了。甚至在艰难的日子里，有些孩子还会因为想要吃糖，而故意把药放在嘴里砸摸外面的甜皮呢。

孩子是最接近于人们天性的，所以蒙特梭利才说，儿童是成人之父。对于孩子喜欢甜味的天性，成人实际上也是如此。其实，人们不仅仅抗拒药的苦味，也不喜欢听那些逆耳的忠言。对于人心而言，这些忠言也像苦药一样，让人觉得难以下咽。那么，我们为何不像制药厂的专家学习，给忠言的逆耳也穿上糖衣，把它们变成糖衣炮弹呢！如此一来，别人喜滋滋地吃了你的糖衣炮弹，而且还心甘情愿地听从你的建议，这样皆大欢喜的结局岂不是很好么！

作为部门经理，张经理的管理工作做得风生水起。他对下属要求非常严格，按道理来说下属应该对他意见很大，事实恰恰相反，那些下属们虽然被张经理批评，却全都心服口服，而且立马改正错误，再也不犯。张经理到底是如何做到这一点的呢？

原来，张经理是个情商很高的人，同样一句批评的话，到了他的嘴里也

会变得非常好听，让下属们听了毫不生气。举个最简单的例子，前几天张经理的下属和马经理的下属合作完成一个项目，因为一个小小的疏忽，导致前功尽弃。马经理毫不客气地当着很多同事的面批评：“你呀你呀，你都进公司几年了，这么一个小小的项目，还派你去把关呢，你居然给弄黄了。要是没有你，说不定项目就成了，你可真是个扫把星。”下属羞愧得满脸通红，恨不得找个地洞钻进去。的确，换了谁也无法忍受这种训孙子似的批评方法，难怪马经理所在部门的人员流失率总是公司最高的呢！

张经理当时并没有批评下属，而是深深地看了下属一眼。等到散会之后，张经理把下属叫到办公室，平心静气地说：“小王，我觉得你进入公司时间不长，其实进步还是很大的。这次项目失败本来也不怪你，从经验和资历上来说，本来马经理那边派人就是为了把关的。我相信，经过这次的教训，你们个人和公司都付出了相应的代价，相信你一定会快速成长，下次这种低级的失误肯定不会再发生在你身上了！”这番话，把小王说得感激涕零，连连表态：“经理，你放心吧，下次我肯定不会再犯这样的错误了。谢谢您的包容和理解，我一定会非常努力，快速成长，不会再给您丢脸的。”就这样，小王成了张经理的超级粉丝，不但特别拥护张经理，而且真的再也没有犯过同样的错误。

同样是上司批评下属，马经理的话和张经理的话，却起到了截然相反的效果。马经理恨铁不成钢，不但批评下属，还涉嫌羞辱下属，而张经理呢，当着所有人的面给足下属面子，私下里批评下属时也能说得委婉动听，先肯定下属的进步和努力，再对下属提出更高的要求，这听起来不像是批评，而是激励下属继续努力，因而效果非常好。

一种话，拥有无数种表达的方法。因而，同样一句话，往往从不同的人嘴巴里说出来效果也是不同的。与其把人说得心灰意冷，不如把人说得热血澎湃，好的管理者都是拥有好口才的管理者，都是能把话说到下属心里去的

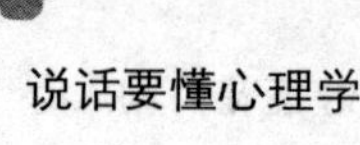

管理者。虽然大多数人都很普通，既不是管理者，也不是领导者。但是生活中谁不需要与他人交流呢？唯有拥有发射糖衣炮弹的功能，我们才能如愿以偿地做好他人的工作，也才能更加得到他人的接纳和赏识。

第06章

赏心悦目还不够，赏心悦耳才能让沟通水到渠成

人人都喜欢追求美的东西，都想赏心悦目，怡情养性。同样的道理，人人也都喜欢听顺耳的话，这样心情才能舒畅愉悦。要想让别人赏心悦耳，也让别人同样地对待自己，我们就要在言辞表达上多下功夫，这样才能不断提升表达水平，让交流变成一件让人开心的事情。

语言简洁生动，同样具有吸引力

如果你仔细观察婴幼儿的语言，你就会发现婴幼儿的语言非常简洁，他们似乎天生就具有一种能力，能够把原本复杂烦琐的事情以最简单的语言表达出来。曾经有个两岁多的女孩，因为奶奶严厉地批评了她，因而在洗澡的时候突然说：“奶奶可恶，一点点，越来越大。”也许一个不熟悉孩子的人根本听不懂如此跳跃的语言，但是和孩子朝夕相处的妈妈马上意识到，孩子是想表达奶奶越来越可恶。如果把这件事情放在一个成人身上，也许他会絮絮叨叨地说很多，不但说清楚事情的前因后果，而且还会加上自己的评论，其实目的恰恰如小女孩所说，就是表达奶奶越来越可恶的意思。

人的神经是非常脆弱和敏感的。对于那些烦琐的表达，他们根本就缺乏耐心去听，去理解和接受。反而是对于简洁明了的内容，人们更容易抓住重点，进行深入理解和分析。前文所说的婴幼儿的语言，也被很多心理学家称为“电报语”。所谓“电报语”，顾名思义，就是说语言简洁，表达清晰。

还有些自以为聪明的人，在与他人交流的过程中，总是希望把自己表现得更好一些。因而他们很少直截了当地表达自己的心思，而是绕老绕去，才能说出隐晦的意思。无疑，这样的表达是效率低下的，因而如果交谈者心思不够细腻，也许到最后也不知道你到底想表达些什么。通常情况下，语言表达简明扼要的人也往往性格果敢，做事情干脆利落，绝不拖泥带水。由此可见，简洁的语言不但能够给他人加深印象，也能让你更加富有人格魅力，可

谓一举两得。

古人云，山不在高，有仙则名，水不在深，有龙则灵。现代社会，面对复杂的人际关系，我们则要说，言不再多，达意则灵。不管在和什么人交谈，我们说话的时候都要极尽精简，做到一字千金，掷地有声。如果唠唠叨叨，说话就像老太婆的裹脚布一样又臭又长，则只会使人厌倦。

一年即将结束，董事长召集全公司的职员开年会。每年的年会，大家最盼望的就是抽奖和聚餐的环节，而对于年会伊始的总结陈词和展望未来的议题，大家都觉得非常漫长。

今年的年会流程和往年差不多，整个上午都在开会，公司各层和各个部门的领导轮番发言。有的同事甚至坐在那里打起了哈欠，快要睡着了。在CEO发言结束后，下面是董事长的发言。原本大家以为官越大，发言越长，因而已经做好了董事长至少发言一个小时的准备，不想，董事长上台只有三分钟，只说了几句话："去年即将成为过去，不管你们曾经收获了多少，都不影响你们在新的一年里继续努力。未来已经到来，我们必须把未来牢牢地握在手里，才能开创生命的辉煌。从现在开始，让我们携手并肩，共同努力吧！"

同事们还没反应过来，董事长就已经鞠躬准备告辞了。最后，董事长说："在即将开始的聚餐里，希望大家吃好喝好，不醉不归！"董事长话音刚落，台下就响起了雷鸣般的掌声，大家都非常感谢董事长的善解人意，也为董事长的干脆利落感到无比钦佩。

作为公司的当家人，董事长言简意赅的发言瞬间征服了所有员工的心，为员工们在年会的特殊日子里送上了一份意外的惊喜：会议居然这么快就结束了，终于可以开始狂欢了！不得不说，董事长是深谙员工心理的，也具有极高的情商。其实该说的在他之前发言的那些各级各部门的领导们已经强调好几遍了，他如果再说下去，只会让人生厌。这样戛然而止、强劲有力的尾

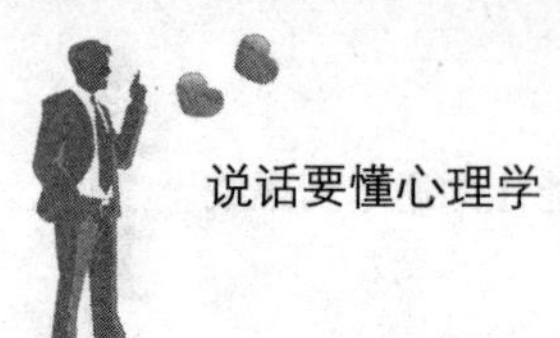

声，既出乎大家的意料，也给了大家意外的惊喜。

1793年，华盛顿进行总统就职演说，通篇只有135个字。林肯曾经的一次演讲只有十句话，字字铿锵有力，掷地有声。不得不说，这些进行简短演讲的人才是真正的大师，他们不但具有高度的概括精神，而且具有超强的驾驭语言的能力。很多时候，并非越是拖沓冗长越能够赢得人们的心，反而短小精悍的演讲是浓缩的精华，重点突出，言简意赅，字字珠玑。朋友们，在有机会进行演讲的时候，千万不要犯拖沓的毛病，而应该学习这些大师的风格，做到真正的简洁，爆发出精粹的力量。

幽默是语言的调味剂

人生之中并非总是伴随着快乐，也常常夹杂着烦恼和痛苦。作为命运的强者，我们总要学会更多放松和愉悦自己的方式，这样才能调剂紧张的生活，让自己的生活变得多姿多彩，拥有快乐的滋味。

在人际交往的过程中，有些人说起话来总是火药味十足，这样很容易与他人之间发生争执。有些人则恰恰相反，他们聪明机智，思维敏捷，总是能够给人带来快乐和笑声，因而处处受人欢迎，成为大家的开心果。你想成为哪一种人？毋庸置疑，当然是后者。曾经有一位以幽默见长的美国作家说，对于任何国家而言，最宝贵、最值得流传的财富，就是幽默。在西方国家，幽默常常被作为一种必须具备的品质，成为对人重要的衡量条件之一。有些工作岗位在招聘的时候不但要求有过硬的能力，也要求有敏捷的思维和幽默的性格；甚至有些女孩子在寻找人生伴侣时，还把幽默排在第一位，要求男性必须具备幽默的品质。

幽默与智慧总是结伴而行的。如果一个人缺乏智慧，那么他往往也不

能表现出幽默的特质。这是因为幽默需要急中生智，需要随机应变，需要妙语惊人。需要注意的是，幽默是最高的智慧，却并非低俗的玩笑。现实生活中，很多人把幽默和玩笑联系在一起，其实并不恰当。如果不能准确区分和界定这两者，人们总是很容易就会误以为低俗的玩笑是幽默，这样有时候就会导致很难堪的处境。除了能够给人们带来快乐和笑声之外，恰到好处的幽默还能缓解交谈的氛围，让谈话的气氛变得更加轻松愉悦。有的时候遇到冷场，幽默也能起到出人意料的效果。由此可见，幽默之于我们的生活和工作，是必不可少的语言调味剂。

著名作家冯骥才在美国进行访问时，有一些热心的朋友纷纷去看望他。有一天，一位老朋友带着妻子和孩子一起来到冯骥才的住所，与冯骥才久别重逢，相谈甚欢。正当老朋友兴致盎然地讲述一件事时，冯骥才突然发现穿着鞋子的小朋友毫不客气地跳到了他的床上，在他洁白的床单上留下了一个个黑脚印。冯骥才当然要阻止小朋友，他可不想在乱糟糟的床单上睡觉。然而，老朋友这时候谈兴正浓，根本没有发现这件事情，怎么表达才不至于让老朋友尴尬呢，毕竟客随主便也是中国的一项传统啊！

思来想去，冯骥才突然笑着说："亲爱的小朋友，我可以请你回到地球上来吗？"这时，老朋友夫妇才发现孩子正在床上疯玩，因而赶紧制止孩子，劝说孩子回到地毯上玩耍。等到事情得到圆满解决后，冯骥才和朋友夫妇相视一笑，彼此会意。

假如冯骥才直接毫不客气地对孩子说"我的床单，快脱掉你的鞋子！"或者说"小朋友，难道你不知道不能穿着鞋子上床吗？"都会给朋友夫妇带来尴尬。也许，朋友夫妇还会因为误会冯骥才为此生气，而仓促告辞，这样一来，原本友好愉快的相聚，就因为冯骥才对孩子毫不客气的指责，闹得不欢而散。正是因为冯骥才采取这种开玩笑的方式，才使朋友们意识到他并不十分在意这件事情，但是又觉得有必要提醒孩子注意卫生和礼节。不得不

说，这句幽默的提醒，把整件事情的处理力度控制得恰到好处。

人与人之间的关系是非常微妙的。对于特别熟悉和亲密，或者原本陌生的人们，不管是把话说得太轻还是太重，都无法完美地解决问题。在这种尴尬的情况下，如果我们能够灵活机动地使用幽默的语言，就能够更好地处理问题，避免难堪，也最大限度地做到了皆大欢喜。

让语言如同淙淙溪水潜流人心

言辞犀利的程度，有的时候堪比刀剑，甚至在一瞬间就能刺穿人们的心，使其汩汩流血。这就是语言的力量，绝对不容小视，也必须更加谨慎合理地运用，才能恰到好处。生活中偏偏就有这样的人，说起话来总是恨恨的，似乎与每个人都有深仇大恨。他们从来不会温柔地说话，总是找最犀利尖锐的话说。对于这样的人，好人缘当然是不可能的，不招人恨就算不错了。

自古以来，人们都觉得温文尔雅、和颜悦色是一种待人接物的美德。其实，礼节的周全只能使人感到不受冷落，如果能够在接待他人时，尤其是在与他人交谈时，做到谈吐优雅，淡定从容，温暖人心，则更容易得到他人的认可和肯定，也会真正地打动他人的心，使我们建立良好的社交关系。

曾经，有个女孩说起话来温柔甜美，被听者赞许为就像鞭儿轻轻地抽打羔羊。现在我们要说，语言表达一定要温婉，这样才能像淙淙流水，缓缓地沁入人心。还有些人觉得说话时必须声色俱厉，才能起到警示和震慑的效果。其实不然。如果你是一个细心的人，你就会发现，对于一个高声说话的人而言，只有当他突然降低语言的声调时，才会引起他人的侧耳倾听。这也从侧面说明了，言辞的犀利未必能够直指人心，很多情况下，温柔才是一种

巨大的力量。

1940年，英国国库亏空，根本无法继续付出昂贵的价钱从美国购买军用物资。为此，很多美国人都主张不再继续支援英国，对此，高瞻远瞩的罗斯福总统有着不同的见解。为了说服那些目光短浅的民众，罗斯福特意召开记者招待会，想要借《租借法》说服他们。罗斯福总统深知唇亡齿寒的道理，但是显然很多美国民众并不懂得其中的利害关系。难道直截了当地指责他们小人见识吗？罗斯福想不出如果真的这么做，除了触犯众怒之外还有什么好处。为此，他深入浅出，决定以一个形象的类比，帮助民众了解其中的利害关系。

罗斯福心平气和地娓娓道来："假如与我家相隔仅仅四五百尺的邻居家突然发生火灾，我的花园里恰巧有浇花的水龙带，只要我慷慨帮助，就能帮助邻居扑灭大火。那么我应该怎么做呢？我不可能眼看着火势蔓延，却要和邻居计较我花费二十美元成本买来的水龙带。要是我的邻居此时恰巧没钱付给我，那么天知道大火会不会烧到我的家里。正确的做法，我想应该是先把水龙带给他灭火。如果顺利扑灭大火，水龙带也没坏，我相信邻居一定会千恩万谢地把水龙带还给我。如果水龙带坏了，他来照价赔偿，那么我还可以买一条新的水龙带，也没有什么损失。总而言之，这些结果都比大火烧到我的家里，把我的家也毁坏得面目全非来得更好。"

显然，罗斯福深知唇亡齿寒的道理，因而才会慷慨地援助英国。对于很多国民的不理解，他只能深入浅出地给他们讲道理，说服他们，而不能强迫他们，更不能指责他们。否则，就会事与愿违，导致结果更加恶化。

罗斯福之所以能够成功地说服民众，继续支持和援助英国，正是因为他的表达方式非常柔和，且寓含道理。生活中，很多人都因为语言表达上的欠缺，导致无法达成自己的目的。假如我们也能采取合适的表达方法，让我们的话如同涓涓细流，给人以沁人心脾之感，相信说服的效果会好得多。记

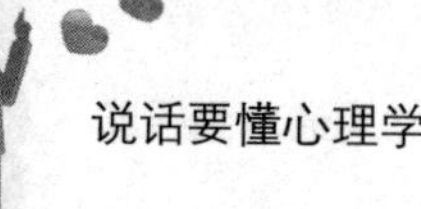

住，语言的逞强并没有实质性的意义，因而任何时候都不要当言辞犀利、内心软弱且常常把事情搞砸的人。我们必须时刻牢记自己的初衷，才能更好地表情达意，发挥语言的巨大力量。

平实的话语，同样具有感染力

人与人之间交往的基础，就是真诚。如果缺乏真诚，人们彼此之间就无法做到真心相待，也会导致交往流于形式和浮躁。在与人交往的过程中，有些人看起来辞藻华丽，其实非常缺乏真诚。他们说话华而不实，虽然听起来很好听，但是明智的人一下子就能听出来其中蕴含的水分。相反，那些说话言辞恳切的人，反而更能够以直白平实的话打动人心。

有些人觉得语言必须夸张、虚浮，才能具有感染力。其实不然，平实的语言，同样具有感染力。古人云，物以类聚，人以群分。在平日的生活中，人们总是情不自禁地选择和自己脾气性情相投的人交往，以平实的语言表达感情。这样心与心的贴近，让人们觉得彼此间无比亲近，也非常真诚和值得依赖。不过，对于那些习惯说话虚头巴脑的人，平实的语言也许就显得苍白无力了些。他们已经习惯了不平凡，喜欢猎奇，喜欢以与众不同的语言吸引他人的关注。这当然是人们不同的选择。

需要注意的是，平实的语言并不单调刻板，如果你也开始说平实的语言，也依然可以生动活泼。很多人误以为平实就是呆板虚弱和无力的表达，其实不然。平实的语言力量蕴含在深处，而且有着打动人心的巨大力量。尤其是在与平凡的人们交流时，更不要说那些高高在上、让人莫名其妙的话，唯有平实，才是最好的选择。当你平实表达，别人也会以一颗真诚的心对待你。当然，平实的语言并非刻意矫饰就能达到的，我们唯有做到内心平实，

才能真正地出乎内心，发乎自然。

“灰天上透出些红色，地与远树显着更黑了。红色渐渐的与灰色融调起来，有的地方成为灰紫的，有的地方特别的红，而大部分的天色是葡萄灰的。又待了一会儿，红中透出明亮的金黄来，各种颜色都露出些光。忽然，一切东西都非常的清楚了。跟着，东方的早霞变成一片深红，头上的天显出蓝色，红霞碎开，金光一道一道的射出。横的是霞，直的是光，在天的东南角织成一部极伟大光华的蛛网，绿的田、树、野草，都由暗绿变为发光的翡翠。老松的干上染上了金红，飞鸟的翅儿闪起金光，一切的东西都带出笑意。”

这段文字，出自老舍的《骆驼祥子》。在这段文字中，老舍用各种色彩对黎明时分的天空进行了细致入微的描写，人们读了这段文字之后，似乎真的看到了那五彩斑斓、绚烂多彩的天空。后来的一个“笑”字，简简单单的，就把作者的心情描述得惟妙惟肖。这段文字非常平实，所用的词汇也都是日常生活中常见的，但是因为作者的真诚，使这些词汇变得无比贴近读者的内心，让读者读完之后未免心生感动。的确，生活不就是由这样一个个平实的日夜构成的么。唯有用心感悟，才能体会生活的美好与永恒。

生活中，我们也应该习惯以真诚的心，驾驭这些平实的语言。当生活渐渐归于朴素，包括用语言也具备平实的美，你会发现自己的心渐渐安于本分，再也不会浮躁与不安。当然，使用平实的语言进行表达也是需要进行练习的。所谓平实，并不一定要与普通与庸俗画等号。如果心高贵，一切表达都会随之变得高贵。语言的独特魅力，就在于它作为一种沟通工具，能够帮助人们传情达意，相互了解，也感染和感动他人。

用对字眼有自信，影响力倍增

如果说话的时候没有自信，换言之就是连自己都不相信自己，怀疑自己所说的话的真实性和权威性，那么别人又凭什么要相信你呢？在说话的时候，尤其是想要说服他人的时候，我们必须拥有足够的自信，才能感染他人，获得他人的信任。那么，如何才能增强说话时的自信力，以提高公信力呢？其实这是有技巧的。

很多人说话大嗓门，却忘记了民间有句俗话，有理不在声高。还有些人说话的时候咬牙切齿，以为以这样的加重音表达就能如愿以偿地增强说服力，殊不知，有理不在声高，有理也不在咬牙切齿。真正有理的人，说起话来总是面色平和，胸有成竹，绝不会气急败坏，歇斯底里。要想增强自信，说话时一定要选择正确的字眼表达自己的意思。美国著名的讽刺小说家马克·吐温曾说，“只要恰到好处地选择字眼，你就会发现语言的力量无比巨大……就在那一刹那间，我们的肉体和精神就都发生了翻天覆地的转变！”从马克·吐温的话中，我们不难发现这个妙笔生花的讽刺小说家，对于语言的运用是多么严谨和慎重。

作为土生土长的北京女孩，小爱偏偏喜欢上了了一个来自东北农村的男孩古义。古义是一名服装设计师，很有才华，因而深深地吸引了小爱，很快，小爱就与古义热恋得如火如荼。因为工作的关系，古义经常需要出差，而且遇到时装周，还一走就是好几个月。渐渐地，小爱从久别胜新婚的甜蜜中清醒过来，觉得越来越不安。她很担心古义在外出差时都与年轻漂亮的女模特在一起，而且朝夕相处。甚至，她还疑神疑鬼地觉得古义一定与某个女模特有不正当的关系。这样一想，小爱再也无法安心地待在北京了。她决定辞职，以后古义去哪里，她就作为家属陪同跟着去哪里，必须做到形影不离。看到小爱居然为了一个不靠谱的男朋友辞掉安稳的工作，妈妈苦口婆心

劝说了小爱很多次，小爱都充耳不闻。无奈之下，妈妈只好向小爱的七大姑八大姨求助，然而即使大家通力合作，全都劝说小爱，小爱也依然鬼迷心窍一般，九头牛也拉不回来。

前段时间，小爱在美国定居的阿姨回来了。妈妈认为阿姨见多识广，而且是当律师的，一定能把小爱说服，为此特意把阿姨请回家里，想让阿姨给小爱好好上一课。不想，到了家里之后，阿姨只对小爱说了一句话："真的爱情是不用看守的。男人如果真心爱你，你不看着他，他也不会做对不起你的事；男人如果对你不真心，你哪怕连上厕所都跟着，也看不住他的心，最终还是会失去他的人。难道你能一辈子把自己拴在男人的裤腰带上过日子吗？！"阿姨一语惊醒梦中人，小爱突然间想通了，说："嗯，是我的总是我的，不是我的也强求不来。"就这样，小爱在经过痛苦的思考之后，最终主动提出分手，她必须给自己一个安定幸福的未来。

古人云，不识庐山真面目，只缘身在此山中。任何时候，我们都因为当局者迷，无法清醒地认清楚状况，甚至在别人点醒我们时依然执迷不悟。其实，作为旁观者清，我们多多听取和采纳他人的意见，还是有好处的。尤其是那些关心和爱护我们的亲人和朋友，他们的很多意见都出于好心，只有从事件本身中跳脱出来，我们才能更好地看清楚真相。当然，见多识广的美国阿姨之所以能够一下子就说服小爱，也因为她的字眼用得强劲有力，一针见血。很多人也许喋喋不休地劝说小爱很久，却没有取得立竿见影的效果。而阿姨呢一下子就说出了事情的本质，让小爱意识到问题的所在，马上调转思路，不再执迷不悟。不得不说，这就是语言的力量。

古今中外，很多成功人士之所以能够获得成功，一呼百应，就是因为他们很善于运用字眼，也能够发挥语言的巨大力量，成功地劝说他人，把他人

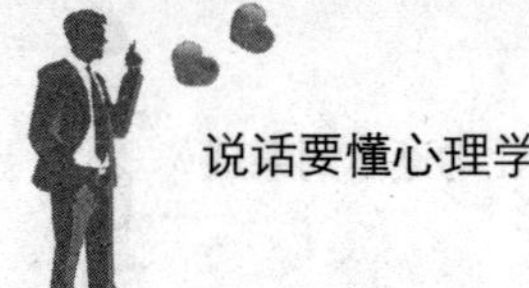

聚拢在自己身边，一起完成生命的使命。需要注意的是，要想选择合适的字眼，首先要使自己积累更多的词汇，这样才能随时找到合适的字眼，尽情发挥语言的强大力量。

第07章

勇敢与自信，当众侃侃而谈的绝密武器

说话，是每个人每天都要做的事情，即便是聋哑人，也会采取自己独特的方式与人交流。然而，即便如此，却有人根本不敢说话，一旦张口，必然是先红了脸，甚至结结巴巴根本无法说出一句完整的话来。人，是群居动物，现代社会中，每个人也都离不开与他人合作。在这样的情况下，如何才能更好地与他人交流呢，这是急需解决的问题。

恐惧不能束缚你的舌头

每个人或多或少都会存在一定的恐惧心理，也许表现的方面不一样，但是恐惧心理却给人们的生活带来很大的困扰。如果你不敢蹦极，不敢坐过山车，那当然没什么关系，因为这并非生活中必须做的事情，你完全可以选择避开。但是说话则不然。每个人每天都要说话，或者以各种方式与他人交流。如果我们恐惧说话，那么我们的生活就会因此受到极大的影响，甚至无法与别人交流，就更别说是生活中交流各种琐碎的事情，或者工作中处理一些重要的问题啦！当你的舌头被恐惧紧紧地束缚住，你必须第一时间想办法解决这个问题，缓解自己的紧张和焦躁，勇敢地张开自己的嘴巴！

如果一个人对于私底下的交流尚且心怀恐惧，那就更别提当众发言了。偏偏生活中很多时候就需要我们当众发言，尽管你不是老师需要给学生上课，不是领导需要给下属开会，但你也很有可能以学生的身份坐在讲台下面，面对各种各样的机会向老师提问，也有可能作为下属需要给领导提议甚至是与领导以及其他同事公开商讨某些工作的细节问题。在这种情况下，如果你无法战胜心底里的恐惧，始终默默无闻，那么也许直到大学毕业老师都不知道你是何许人也，直到离开公司也从未与领导搭讪。不得不说，这是作为现代社会的人才莫大的失败，也是对于人生的极大禁锢。

这段时间，学校里的客座教授张教授，每个周日下午都会召开公开讲座。当然，这是学校特意请张老师做的讲座，因为张老师不但在学术领域有

着独特的建树，而且作为老前辈，也能够为同学们在学习生活中所产生的困惑进行解答。为此，很多喜欢张老师的同学们周日中午总是早早吃饭，去学校的大活动教室等着，否则去晚了是找不到座位的。

这一天，小娜因为心中有困惑，也去听了张教授的讲座。张教授看起来非常和善，在进行完两个小时的演讲之后，还特意多留下来一个小时，为同学们答疑解惑。同学们发言踊跃，似乎有问不完的问题想要从张教授那里得到答案。小娜心中一直怦怦直跳，她很想马上举手问张教授，却因为恐惧和羞涩始终无法开口。直到还剩下最后十分钟，举手的同学渐渐少了，她很清楚这是本次她最后的机会，然而当她鼓起勇气举手，却没有得到张教授准许提问的授意，她马上放下手，低下头，再也不敢直视张教授，更不敢面对身边的同学们。

在这个事例中，小娜就是典型的恐惧和焦虑。尤其是在面对自己尊重的教授，以及那些认识和不认识的同学们时，她变得更加紧张，甚至无所适从。对于小娜而言，她觉得所有同学的目光都聚焦在她的身上，因而根本不敢轻易举手，更不敢在众目睽睽之下提问，最终她放弃了这个千载难逢的好机会，只能把疑问和困惑继续保留在心中。

很多青春期的孩子对于人生和生活，都有着很多困惑。所以，很多大学才会开设各种各样的讲座，帮助同学们渡过青春期的难关。有些外向的同学，总是能够抓住机会为自己答疑解惑，有些内向胆小的同学，却总是把负面情绪淤积于心，最终导致郁郁寡欢，甚至对生活和学习失去希望。

无法否认，我们说话的欲望会因为恐惧、胆怯或焦虑受到影响。在这种情况下，很多人选择保持安静，恨不得找个地缝钻进去，以便躲开别人的目光。还有些人呢，他们甚至害怕得瑟瑟发抖，似乎觉得所有人的目光都集中到他们身上，只想仓皇而逃。不得不说，这两种恐惧心理都会影响人们正常生活中的表现。现代社会是一个融通的社会，几乎每个人都需要与他人交流

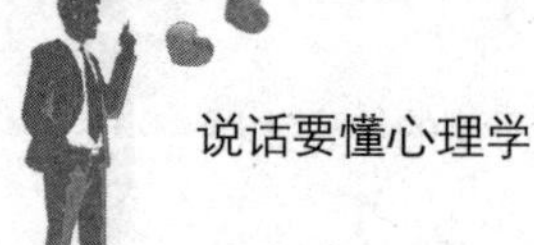

和合作，才能更好地生存。如果我们不能迈过心里的这个坎，很有可能就会被恐惧战胜，再也不敢开口表达。从现在开始，就让我们锻炼自身的胆识，变得更加勇敢果决一些吧！

很多事情，其实只怕开始，一旦你真的不顾一切地开始了，你就会发现现实并不像你想象中那么难，你也不像你自己认为的那么胆小害羞！朋友们，行动起来吧，你很坚强，也很勇敢，还非常优秀，为何不能抓住每一个机会表现自己呢！

适度紧张，助你超常发挥

当你初次在公开场合讲话的时候，你一定会声音发颤，甚至因为紧张而结结巴巴，连一句完整的话都说不出来。这样失败的初次体验，一定会使自尊心超强的你对未来相似的情境感到害怕和恐惧，甚至心有余悸。实际上，初次当众讲话感到紧张并没有什么丢人的，这完全是人的本能反应，也是生理上不受控制的自发行为。你声音发颤没关系，只要你能坚持说出一句完整的话，你就会发现紧张会得到大大缓解。所谓万事开头难，一旦艰难地开了个头，你甚至还会觉得自己喜欢上了这种感觉，这是挑战和超越自我的感觉。

通常情况下，紧张并不会随着活动的进行而消失，虽然有所缓解，却始终存在。但是当你超越自己战胜紧张开始之后，你的紧张不再让你不能言语，而是会刺激你的思维，让你才思泉涌，在短短的时间里就像变了一个人，这也许是肾上腺素的刺激作用吧！你变得亢奋，从排斥当众讲话，到带着激动兴奋的心情期待着当众讲话，你已经迈出了最艰难的一步。

在众人的注目下，每个人都会感到紧张，甚至包括那些已经习惯了当众

演讲的人，他们的心理也会发生微妙的变化。很多时候，我们看到领导在台上侃侃而谈，以为他们是神而不是人，所以才拥有超人的能量。其实，他们只是用镇定自若的外表掩饰了内心的紧张，才能给你造成这样的假象。需要注意的是，并非所有的紧张都会让我们失语或者失误，相反，只要你能把紧张控制在适度的范围内，你甚至可以让紧张成为催化剂，帮助你表现得更好。

当然，有些人的紧张并不仅仅是因为当众，紧张的原因有很多。例如，有些人因为在讲话之前没有做好准备，所以心里没底，手心冒汗；有些人因为身体出了状况不舒服，自己知道可能会因此出现纰漏，也会有杞人忧天式的紧张；还有些人则因为不够自信，觉得自己无法胜任某项工作，紧张也非常明显……总而言之，任何一点点的不如愿，都可能引起发言者的紧张，这一点不一而足。

科学家经过研究告诉我们，肾上腺素对于刺激我们的神经，让我们的思维变得更加敏捷，表现甚至超出往常，是非常有帮助的。在这种情况下，紧张的情绪非但对于讲话没有任何坏处，反而会有很大的好处。

学校里正在进行国庆晚会的准备，马玉代表班级，也与几个同学排练了一个小品。这个小品讲述的是一位穷苦的母亲，带着亲手剥皮的瓜子仁，去看望在大城市读书的孩子的事情。孩子因为觉得丢脸，不愿意承认那个苍老胆怯又脏兮兮的农村老妇人是他的母亲，因而母亲以颤抖的手把一小袋瓜子仁递给儿子，并且向他的同学们解释："我是他的邻居，他妈妈托我来看看他"。这时，在动情的音乐声中，儿子突然跪倒在地，冲着妈妈喊道："娘！"这样感人的剧情，让马玉很有压力。他扮演那个儿子，他的这一声"娘"，几乎就是小品的高潮。

在临上台之前，马玉忐忑不安，生怕自己表演时的那声"娘"缺乏感染力。看着坐立不安的马玉，老师笑着问："怎么样，觉得有压力吗？"马玉点点头。老师笑着说："告诉你，紧张是正常的，不紧张反而不正常了。你

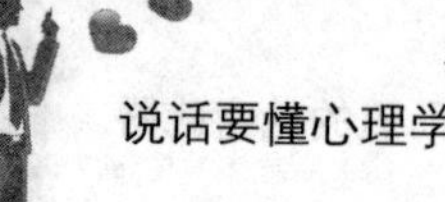

知道吗？那些久经舞台的大明星们，每次上台之前也是特别紧张，虽然他们对于舞台和黑压压的观众已经习以为常了。有位著名的相声演员还说呢，他就是因为紧张，每次表演才能更加圆满。”马玉半信半疑地看着老师，老师不置可否地说：“上了台，你就知道了！”在表演的过程中，马玉一直有些紧张，直到高潮到来，他突然一声撕心裂肺的“娘”，把所有观众的眼泪都喊了出来。再加上动情的音乐，全场都被带入这样的情绪之中，每个人的眼角都是湿润的。

因为紧张，马玉的声音带着颤抖，带着撕心裂肺，也带着彻底的决绝。如果缺乏适度紧张，马玉也许就不会在肾上腺素的刺激下达到这种全情投入的状态。要想进行一场精彩的表演或者演说，一定要学会利用自己的紧张情绪来为自己服务，这样一来，身体分泌的大量肾上腺素就会成为圆满完成任务的催化剂。

记得前段时间结束的《中国新歌声》上，刘文天在一次表演中，因为声嘶力竭的演唱，最终居然有些失去控制，达到了癫狂的状态。当音乐声停止，他甚至不知道自己身在何方，无意识地抬头看了看舞台的天空，这才分清楚东南西北。这样的紧张，非但不会把表演搞砸，还会因为全情的投入，让表演达到前所未有的高度。朋友们，不要再为自己的紧张而苦恼了，只要你合理控制紧张的情绪，你就能够让紧张发挥反作用力，为你的演说、表演起到推动作用，使其彻底超越，回归圆满！

端正态度，让说话更一语中的

早在几十年前，那些有胆量的人如今全都发财了。赶上新中国刚刚成立，各种政策利好，再加上国家和政府的大力扶持，有很多做生意的人都

借着改革开放的春风，提前实现了小康。但是大多数老百姓都是很胆小的，缺乏胆量，因而只能始终过着平淡的生活。当然，以这样的态度面对生活无可厚非，不过如果到了开放的现代社会，一个人依然缺乏胆量，不敢当众说话，也不敢勇敢尝试，那就会落后很多步。

说话也是需要胆量的，只有心理素质好的人，才能在说话的时候不卑不亢，也才能应对很多突发和意外的状况。一个人只有不妄自菲薄，也不骄傲自大，才能做到真正的坦然和从容。这样的人，不管在什么境遇下，都有自信，都很果敢。

虽然生活中的很多人对于说话都有自己的独到见解，但是并非都能够驾驭语言，也不是始终能把话说好。要想把话说好，说得一针见血，其实只锻炼说话的技能和技巧是不够的，最主要的是应该对人对事有正确的认知，这样才能端正态度，做到一语中的。说话最重要的是效率，如果不能说到点子上，即便说一千句一万句也是无效的。反之，只有说到点子上，才能以一句当十句，才能事半功倍。

试想，如果一个人从思想认识上就是错误的，那么说话怎么可能正确呢？这就像是一棵大树从根子上就已经歪了，所以无论如何也不可能长成参天大树。由此可加，端正态度，拥有正确的思想认知，对于语言表达是起到决定性作用的根本问题。

当年，朱元璋当了皇帝之后，很多他以前的穷苦朋友都去京城拜见他。有一个口才很好的穷苦朋友，在历尽千辛万苦见到朱元璋之后，马上说："我主万岁！遥想当年，臣下随驾攻入芦州府，大败罐州城，汤元帅匆忙逃逸，我主又一举拿下豆将军，红孩儿一夫当关，亏得菜将军神勇无比。"听了这番话，朱元璋心中暗自窃喜，不由得回想起以前的那些事情，因而感慨万千。再看看今日的荣华富贵，他不由得高兴起来，居然当即下令给这个朋友封官，让他继续为自己效力。

听说有这等好事，朱元璋的另一个穷苦朋友也连夜赶往京城，面见朱元璋。他心中暗自思忖：“既然当今皇帝对曾经一起吃苦受难的朋友这么好，想来也不会忘记我吧。我要是能得个一官半职，下半辈子岂不是就有享不完的荣华富贵了么！”他一边这么想着，一边喜滋滋兴冲冲地往京城赶去。

好不容易见到朱元璋之后，他毫不掩饰直言不讳地说：“我主万岁！以前，你和我一起给有钱人家放牛，你还记得吗？那时我们都孤苦伶仃，无依无靠，有一次我们偷了豆子在芦花荡里煮着吃，结果因为心急，不等豆子煮熟，煮豆子的瓦罐就被我们不小心打碎了。你可不顾着收拾碎瓦罐，只是急红了眼睛抓豆子吃，还把地上的烂草叶子也裹着豆子一起吃了，差点儿没被噎死呢！后来，幸好我出了个好主意，才救了你一命。你还记得我是怎么教你的吗？我让你把青菜叶子裹在一起吞下去，这才把卡在嗓子眼里的烂草叶子带下去，不然你就没命啦……”不等这个朋友说完，朱元璋就觉得脸上挂不住，因而怒声呵斥：“哪里来的疯子，赶紧推出去斩了！”就这样，这个稀里糊涂的朋友还不知道自己哪里错了呢，就丢掉了脑袋，一命呜呼了！

对于当年这些都一起吃过苦的朋友，朱元璋为何有着不同的待遇呢？原因就在于，前一个朋友对于朱元璋现在的身份地位都有正确的认知，知道不能再像以前那样和朱元璋说话口无遮拦，更不能把那些让朱元璋丢脸的事情都一股脑儿地说出来，因而他表达得非常隐晦，既念及旧情，又表示出恭维和赞美，所以得到了朱元璋的赏识。而第二个朋友呢，根本没有意识到今日的朱元璋和往日不可同日而语，因而无所顾忌地说起以前的事情，伤了朱元璋的面子，所以才会丢了性命。

每个人在与他人相处的过程中，都要对他人与自身有一个正确的认知。否则，就会失去分寸，导致招致对方嫌恶。需要注意的是，我们必须保证思想是正确的，才能保证说出来的话是正确的。那么，与其本末倒置地苦练说话的基本功，不如从现在开始就努力学好做人做事，这样才能快速提升自

己，完善自身。

面对听众，别人和你一样害怕

在公开场合当众讲话会感到紧张，在这一点上每个人都是一样的，并不存在特例。因此，如果你因为自己当众讲话害怕紧张而感到自卑，是完全没有必要的。作为著名的成功学大师，卡耐基拥有很多学生，其中不乏那些功成名就的人士。曾经有人专门针对这些学员进行过调查，发现至少有八成以上的学员在最开始上课时，对于上台讲话是存在抵触和畏惧心理的。甚至包括很多职业演讲者在内，在面对台下黑压压的观众时，也依然会觉得紧张不安。而且，他们从演讲开始的害怕会始终蔓延到演讲结束时，这让我们作为普通人感到害怕的事实，有了更大程度上的接受。

人都是很爱面子的，甚至有很多人把面子看得特别重要。这是因为人们过于在意自己的形象，觉得自己的形象不能有任何瑕疵，更不能被他人否定。在这种追求完美的心理之下，人也就变得越发紧张，而且这种紧张是与面对的听众人数的增多成正比的。反过来想，假如我们能够更加坦然地接受自己的不完美，也不强硬地要求自己的形象必须毫无瑕疵，那么我们是不是就更容易接受自身的失误了呢？这一点毋庸置疑。

当然，消除紧张的方式有很多，除了不把自己看得太重之外，我们还可以采取很多方式缓解紧张。其中最有效的一条是，你应该告诉自己别人和你一样紧张。很多人的紧张除了自身因素导致的之外，也有外部因素的作用。例如你与很多人一起参加演讲比赛，你很紧张，一想到自己因为紧张会输了这场比赛，你就变得更加紧张。但是如果你告诉自己别人也很紧张，甚至比你更紧张，这点小小的优越感就能缓解你的紧张，让你在适度紧张下表现得

更加优秀。

紧张，是人的天性，也是人之常情。如果一个人从来不知道紧张为何物，我们只能说他非人类，或者神经出现了问题，变得过于迟钝麻木，甚至连紧张都不会了。据说有位著名的日本演员，每次等到要演出时，就会不停地上厕所。也许对于这位演员而言，上厕所就是一种有效缓解紧张的方式吧。还有位美国播音员，因为紧张居然养成了一个怪癖，即每次播音之前都必须洗澡。否则，他的播音就无法顺利进行下去。对于这种缓解紧张的方式虽然我们有些大跌眼镜，但是也可以接受。

纵观古今中外，有很多著名的政治家、演说家，在刚开始进行当众演讲时，都曾有过怯场的经历。英国首相丘吉尔以震撼人心的演说才能闻名于世，即便如此，他在最初当众演讲时，也曾因为过度紧张而导致说不出任何话来，气愤的听众还把他轰下台了呢！历史上这些大名鼎鼎的伟大领袖人物都曾有过如此尴尬的经历，更何况我们普通人呢！因而，如果你面对听众演讲时感受到难以控制的紧张，千万别心虚，你要知道，他人比你更紧张，或者至少和你一样紧张。既然你们都在同一起跑线上，这又有什么了不起呢！

大多数说话紧张的人，都以为别人一定会比自己表现得好，而自己只不过是个特例。其实不然。只有悦纳自己，我们才能坦然接受自己的一切优点和缺点，从而更加从容地面对听众慷慨陈词！当我们真正认识“怯场”的本质，我们就不会再因为怯场而变得恼火，更不会因为怯场而变得失去信心！当你放松下来，你会发现一切都在朝着好的方向发展。

勤学苦练，让你坦然面对台下

在戏曲界流传着一句话，台上十分钟，台下十年功。这句话形象地说出

了人们在台上的无限风光，都是在台下漫长的勤学苦练才得到的，绝非一蹴而就。那么，当你因为自己无法说好话而苦恼的时候，当你因为自己无法在诸多观众面前从容表现自己而焦急的时候，不如想想这句话，再扪心自问自己是否付出了长期的努力，如今才要奢望得到最好的表现和结果呢？如果答案是否定的，那么你不要再懊恼了，因为你最该做的就是继续勤学苦练。

没错，不但戏曲界的演员们需要勤学苦练，作为普通人，即使你只是想把话说好，也同样需要勤学苦练。举个最简单的例子，婴儿刚刚出生的时候看到陌生人时一定会哭，由此可见，他们不喜欢面对陌生人，这使他们感到紧张不安和压力。由此可见，不希望面对陌生人完全是人之常情，无可厚非。因而，即使长大成人，人的本性依然是害怕陌生人，在陌生人面前会产生紧张的情绪，并且因此焦虑不安。你所看到的那些大名鼎鼎的演说家、政治家、演员，之所以能够在台上风光无限，都是因为他们在人后吃了无数的苦换来的。

毫无疑问，这个世界上没有人生来就是演说家。作为“世纪演说家”的丘吉尔，最早的时候一旦当众讲话就结结巴巴，口齿不清，几乎没有人看出来他具有成为演说家的潜质。而且，丘吉尔的先天条件也很普通，身高只有165厘米，长相也不出众。那么，他到底是凭什么成为举世闻名的演说家的呢？难道他的嗓音很出众吗？答案依然是否定的，他的嗓音音色普通，毫无过人之处。对于这些平淡无奇的条件，丘吉尔最终能够成为演说家，就是因为他曾经无数次主动练习，在各个场合历练自己。而且，他还有着百折不挠的精神，从不轻易放弃。最初在下院进行演讲时，丘吉尔刚刚进行到一半就无以为继了。这并没有使他屈服，而使他更加正视自己的弱点，更加不遗余力地练习。最终，他才能成为雄辩世界的演说家，让世人瞩目。

作为英国著名的现代主义戏剧家，萧伯纳才华横溢，知识渊博，思想深邃。而且，他的演讲极富幽默感，总是能够赢得人们的笑声和赞许。不过，

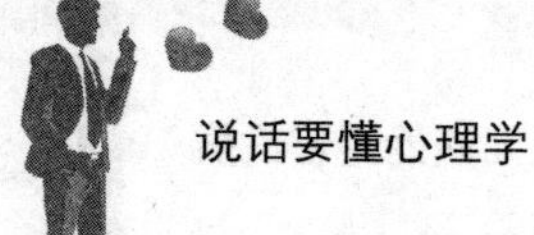

不了解萧伯纳的人一定不知道，他曾经是个胆小怯懦的小男孩，甚至连去朋友家做客他都要在朋友家的门前徘徊很久，才能鼓足勇气去敲门。如此羞涩的小男孩，是如何成为不卑不亢、慷慨陈词的演讲者的呢？

有一次，萧伯纳应一位朋友的邀请，去参加一场辩论会。正是在这次会议上，萧伯纳实现了人生质的飞跃——他在这次辩论会上进行了生平第一次公开演讲。结果很遗憾，萧伯纳非但没有得到人们的掌声，反而被大家无情地奚落和嘲笑。经过这次失败的经历之后，萧伯纳心中始终愤愤不平，他不相信自己无法成为一名优秀的演说家。为此，在接下来的日子里，他迎难而上，抓住每一个机会在公开场合演讲，锻炼自己的胆量。他还参加了很多社团的辩论赛，每次都积极发言，据理力争，这样他就不再害怕和他人争辩了。

随着时间的流逝，萧伯纳在演讲方面的才华得到了更多人的认可，到最终有很多听众都对他赞不绝口，忠诚无比。萧伯纳，终于成为了举世闻名的演说家。

萧伯纳从一个害羞内向胆怯的小男孩，成长为举世闻名的演说家，这与他的勤学苦练是分不开的。对于这个去朋友家做客都羞于敲门的小男孩而言，如果当时轻易地选择放弃，那么他的未来一定会变了样子。幸好，他虽然害羞内向胆怯，但是却有着不服输的精神，因而始终坚持不懈地练习，任何时候都迎难而上，即便被观众赶下台来，他也依然毫不气馁。不得不说，这样的精神是值得我们每一个人学习的。这样的精神，不仅用在演说上能够促使成功，用在人生的很多其他方面，收获也都会显而易见。

其实，只要想练习口才，随处都是机会。诸如在家里人多的时候，不如来一次即兴演讲；在学校里，也可以召集一些同学进行相关的练习。如果走入社会，练习的机会就更多了，每次开会时发表意见，或者广泛结交朋友，经常去沙龙等，都能帮助我们锻炼胆量。只有不断地经历各种或大或小的场合，才能真正做到在任何场合都能侃侃而谈，成竹在胸。

第08章

恰到好处的分寸，才能让你把话说得深入人心

生活中，很多人说话都不分时间和场合，更不区别交谈对象，当着矮子说矬，当着瘸子说拐，总而言之，让别人越听越生气，甚至为此结下心结，导致以后的交往也受到影响。尽管说话是比较随意的事情，但是我们依然要区分时间和场合，而且要根据不同的交谈对象，把握说话的分寸，这样才能避免伤害他人，也使自己与他人的交流事半功倍。

根据场合说话，才能事半功倍

生活中，每个人每天都要与他人交流，很多人常常喜欢开玩笑，或者幽默一下，想要调节气氛，或者与他人之间拉近距离。需要注意的是，一定要区分场合等诸多交谈的因素，才能让玩笑和幽默恰到好处，否则就会导致事与愿违，非但无法亲近他人，反而使彼此间关系疏远，相互抱怨。

就像人穿衣服一定要符合自己的身份和气质一样，人说话也应该符合场合的需要，以及迎合听者的心理。唯有如此，才能最大限度提高交谈的效率，使得交谈顺利达到目的。不同的场合说不同的话，是交谈的基本原则，也是人与人之间相处的重要技巧。

第二次世界大战进入尾声时，东方和西方国家的诸多首脑在埃及的首都开罗齐聚一堂，展开会议。有一天，因为有要紧的事情继续商议，所以美国总统罗斯福马不停蹄地找英国首相丘吉尔。在会议现场寻找无果，他亲自坐车赶往丘吉尔居住的宾馆，看起来罗斯福的事情简直十万火急。

开罗的气候又闷又热，因为习惯了英国的潮湿与寒冷，初来乍到的丘吉尔很不适应。尤其是在炎热的白天，气温高达四十摄氏度以上，这让丘吉尔简直抓狂。为了降低温度，让身体感到舒适一些，丘吉尔在整个白天都把自己浸泡在浴缸里，满满一浴缸的冷水缓解了他的不适。当罗斯福急急忙忙赶到宾馆且来不及敲门就推门而入时，丘吉尔的下属赶紧通报丘吉尔，让他赶快穿上衣服以便接受罗斯福的拜见。不想，罗斯福此时已经闯进了套房的

大厅，而且听到一个小房间里传来丘吉尔的歌声，便毫不犹豫地推门而入。映入他眼帘的，是浑身赤裸、正躺在浴缸里引吭高歌的丘吉尔。无疑，作为两个大国的国家元首，这样的情景是非常尴尬和难堪的。这时，罗斯福灵机一动，说："太好啦，我正有要事找你商议呢，你果然对我坦诚相见啊！这下我就放心你了！"这时，丘吉尔也镇定下来，躺在浴缸里悠闲惬意地说："当然，尊重的总统先生。我都能够如此一丝不挂地面对你，你必须相信我的诚意啊，我绝对毫无隐瞒，对你坦诚相见！"

原本非常尴尬的场合，在两个大国元首机智的应对下，尴尬顺利消除，而且还留下了彼此坦诚相见的佳话。由此可见，在不同的场合随机应变地说些恰到好处且有分寸的话，对于人际交往和社交关系是有利而无害的。

生活中，很多人之所以在社交场合处处受到欢迎，得到大多数人的尊重和认可，就是因为他们能够根据事情的发展状况，随机应变，以机智幽默的语言打破尴尬，使交谈的氛围得到缓和。这就像是自然界中的变色龙，总是能够根据外在环境的变化改变自己，适应环境，从而更好地保护自己，以在大自然中得到生存的空间。

尤其是对于现代职场人士而言，唯有学会区分场合说话，根据情况调整说话的策略和改变说话的方式，才能避免因为无心的话伤害他人，也使自己的人际关系急剧恶化。可以说，在注重人际关系的现代社会，不会说话不懂交流的人，几乎总是寸步难行的。

插话有技巧，交谈才能更加顺畅

很多时候，我们无法从头到尾听完别人的讲述，或者是因为时间紧张，或者是因为缺乏耐心，也或者是因为你突然想要发表一些自己的意见，或者

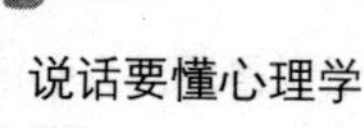

纠正对方的错误。总而言之，你非常想要打断他人说话，插入自己的非凡见解，从而表现自己。不过需要注意的是，插话并不是一件那么让人愉快的事情，很多人因为插话的时候没有把握好时机，很容易就导致交谈不欢而散，无法继续进行下去。

常言道，三个女人一台戏，如果说男性朋友们在一起尚且能够愉快地聊天，也有耐心听完别人的讲述，那么当至少三个女人聚集在一起时，原本风平浪静的交谈就会暗流涌动，虚荣和攀比，会使她们在听到别人说起某些开心或者骄傲的事情时，总是迫不及待地想要插话。诸如一个女人说自己的老公非常温柔体贴，还给自己送了铂金项链作为结婚纪念日的礼物，另一个女人在虚情假意地表示羡慕之余，往往会马上也接口说自己的丈夫同样非常慷慨大方，细心体贴，在结婚纪念日不但送给自己贵重的玉镯作为礼物，还买了一束红玫瑰，吃了烛光晚餐。等到话题进行到第三个女人那里时，她的表述有可能就已经完全变了味，她很有可能虚构各种不存在的情节，告诉全天下自己的结婚纪念日是最浪漫也是最昂贵的。如此一来，还能愉快地聊天吗？毋庸置疑，虚荣与攀比是女人的天性，在很多女人身上，这一点都表现得尤其明显。在这种情况下，虽然我们无权指责女人的谈兴过浓，但是至少应该学会正确的插话技巧，不至于使自己迫不及待的显摆太过明显，而伤了她人交谈的兴致。

在一些商业场合，诸如谈判，或者与客户洽谈某些相关的合作事宜，为了取得谈话的先机，也是需要插话的。显然，商业场合是更讲究礼节的场合，在这种情况下，先发制人也好，后来居上也好，必须让插话进展得不留痕迹，才能继续愉快地交流与合作。

作为一名访谈类节目的主持人，小海所负责的节目收视率总是最高的，让很多业内人士都对他佩服得五体投地。实际上，访谈类的节目主持的难度是相对比较大的，因为仅凭着主持人的一张嘴，既要做到不冷场，还要做到

饶有趣味，让完全置身事外的观众朋友们喜欢看，喜欢听，这当然需要极富魅力的交谈。现代社会，有很多访谈类节目在进行一段时间之后都无法继续下去了，究其原因，就在于主持人的主持不够精彩，使得节目没有可看性。诸如，有些主持人总是迫不及待地打断嘉宾谈话，导致原本谈兴正浓的嘉宾，变得兴致索然，再也不想真诚地说下去。小海对此有不同的见解，他每次主持节目时，不管是对于内向的嘉宾还是对于外向的嘉宾，都能激发他们的谈兴，让他们在节目中尽情尽兴地表现自己。

诸如前段时间，小海奉命对一位著名导演进行现场访谈。在抛出绣球之后，这位导演深沉内敛，并不像很多喜欢表现自己的演员那样说个不停，而是简单说了几句，就结束了回答。看到这种情况，小海感受到压力很大。思来想去，他决定把话题转移到导演的兴趣上。很多人都知道，这位导演喜欢收集古玩字画。因而，在导演再次以精练简洁的语言回答一个问题之后，小海自然而然地问："冯导，很多观众朋友都觉得您的作品很有深度，是一般的年轻导演模仿不来的，我也听说你特别喜欢古玩字画，那么您觉得您的作品受到您兴趣爱好的影响大吗？"提到古玩字画，这位导演的眼睛马上亮了，他开始细细陈述自己的诸多收藏，言语之间洋溢着自豪和骄傲的感情。看到导演谈兴正浓，小海始终微笑着倾听，时不时地还点头称赞，直到导演的讲述告一段落，他才自然切入主题："您最近的新片正在做宣传，您觉得这部片子里能找到您兴趣爱好的影子吗？"由此一来，小海自然而然地把话题引到了这次交谈的主要目的——谈新片。也因为他在此之前已经激发了导演的谈兴，所以导演几乎毫无保留地把自己的看法和见解和盘托出，还透露了几个内部的消息呢！

作为一名访谈类节目主持人，只有掌握好交谈的技巧，做到自然地插话，不至于因为突兀引起嘉宾的不快，或者破坏嘉宾的谈兴，才能把节目主持得越来越好。生活中，每个人在交谈过程中都希望获得他人的尊重，随

意打断别人的交谈当然是不礼貌的事情，没有人对此表示欢迎。因而，虽然我们不是访谈类节目的主持人，也不需要从嘉宾口中挖掘更多的细节或者内幕，但是我们依然要尊重和理解谈话的对象，这样才能让对方打开心扉，也让交谈变得更加和谐愉悦。

交谈针锋相对，未必是好事

生活中的口舌之争非常常见，小学生在和同学玩耍的过程中，会因为争锋相对而发生争执，甚至打闹；很多夫妻之间吵架也并非因为有什么重要的事情，而大多数都起源于不起眼儿的小事；闺蜜之间关系好得可以穿一条裙子，却有可能因为一句话不投机而彼此互不相让，导致不欢而散；更别说是工作中与同事之间的争执了，这在职场上简直是家常便饭。

很多人都把交谈时的得失与输赢放在心上，哪怕只是一句话，也一定要面红耳赤地与人争出高下。实际上，口头上的胜负输赢真的那么重要吗？对于任何事情，每个人的观点都是不同的，因为每个人的成长经历、教育背景等，都各不相同。既然如此，又何必苛求达到观点的完全统一呢？在遇到事情需要发表见解的时候，如果你不是独裁者，就应该允许他人与你求同存异，也没有必要为了绝对地服从和统一而伤了和气。

很多时候，你所以为的就事论事，觉得理不辩不明，其实往往会给人际关系埋下隐患。除非是原则性问题不可妥协之外，如果你因为与他人针锋相对而导致失去一个朋友，可谓损失惨重。有人总喜欢得理不饶人，现代社会的人际交往理念却告诉我们，得理也要让三分。否则，一旦伤了感情，想要再恢复如初可就难了。

毋庸置疑，每个人在交谈的过程中都希望自己的观点能被他人理解和

接纳，得到他人的支持和赞许。但是这样的状态可遇而不可求，往往很难达到。在这种情况下，假如我们能够换位思考，意识到在我们迫切希望得到他人认可的同时，他人也在迫切希望得到我们的认可，就能以更加包容的态度面对他人的不同观点和意见，从而真正达到和谐统一。反之，如果一个人总是与他人针锋相对，遇到任何问题都与他人辩驳不停，则会使人际关系大大恶化，甚至成为人人厌恶的人。

这周末，豆豆去参加大学同学的婚礼。在婚礼上，久别重逢的同学们相见，自然是分外亲切。有个男同学一时兴起，说起这对结婚的同学不但是大学同学，而且初中和高中也是同学，算得上青梅竹马修成正果。当大家纷纷表示赞同时，这位男同学还得意地朗诵了李白的诗作："郎骑竹马来，绕床弄青梅。"不过，这位男同学显然把作者记错了，他以为这是李清照的诗，如此淡雅有情趣。

豆豆听到之后，因为她一直对中文情有独钟，尤其在古代文学方面颇有造诣，所以毫不犹豫地为那位男同学指出："哈哈，你记错了。这可不是李清照的诗句，而是大诗人李白的！"男同学有些尴尬，坚持说："怎么可能，这就是李清照的诗句，我记得很清楚。"豆豆更得意了，说："你可别想当然地认为李白只擅长'白发三千尺，缘愁似个长'啊，他实际上也写了很多温婉抒情的诗句呢！"男同学的脸都红了，无论如何也不愿意承认说错了。偏偏豆豆就盯着这个男同学不放，非要逼着对方承认自己的错误。最终，一位曾经他们共同的老师说："别争了，就是李清照的。"豆豆瞪着大眼睛看着老师，老师却对她视若无睹。

直到婚宴结束，豆豆又找到老师问："老师，难道不是李白的诗句吗？"老师笑着说："你这个丫头啊，从上学的时候就爱较真，现在还和以前一样。这是你同学的婚礼啊，这么高兴的日子，何必为了一个无关紧要的问题与其他宾客争得面红耳赤呢！这首诗的确是李白的《长干行》，这下你

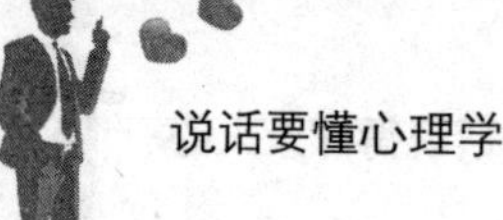

放心了吧！”听了老师的话，豆豆这才意识到老师的良苦用心，因而不好意思地笑了。

在这个事例中，豆豆本着严谨的学术精神，非要纠正那个男同学的错误，却完全忽略了这是同学的婚礼，是个高兴快乐的日子。不管什么原因，搅和得他人心里不痛快，总归是不对的。因而，老师才最终出来打圆场，让豆豆最终放弃了争辩。直到婚宴结束豆豆继续追问，老师才给她正确的回答，当然也给她上了宝贵的一课，那就是要学会给他人留面子，对于无关紧要的问题，千万不要得理不饶人，更不要与人针锋相对。

生活中的很多争辩都是无意义的，如果你不准备追究责任，那么面对对错最重要的是及时补救和纠正，而不是争辩。一味地争辩，除了给他人留下不好的印象之外，对于人际关系的建立，没有任何好处。在现实生活中，即使你心知肚明自己是对了，也不要固执地要求别人承认错误。或者，为了保住对方的面子，你也可以在私底下来说，而无须当着所有人的面揭别人的短。动辄因为一点小事就与他人争得面红耳赤的人，很少拥有好人缘。从现在开始，就让我们宽容地对待他人，也给自己更好的人缘吧！

拒绝方式恰当，才能顾全别人面子

生活和工作中，我们难免需要他人的帮助，也常常被他人求助。不过，我们的每次求助未必都能够得到满足，因为帮助他人原本是情分，而不是本分。所以不管你是被别人拒绝了，还是准备拒绝他人的求助，都无须有太大的心理压力，这原本就是人之常情，必须坦然接受。

在被拒绝的时候，你是感到沮丧甚至失望、绝望，还是觉得这一切都能承受呢？被拒绝过的人一定知道，这在很大程度上取决于他人拒绝时所说的话，以及表达的方式。推己及人，不管你在被拒绝时得到了善待，还是受到了伤害，你都应该力所能及地帮助他人，如果实在能力不够，也要以恰当的方式拒绝他人，这样才能避免伤害他人自尊，也使你的拒绝不显得那么冷酷无情，更重要的是还能顾全他人的面子，维护与他人之间的良好关系。很多人因为拒绝方式不恰当，导致失去朋友，其实是得不偿失的。所谓多条朋友多条路，你怎么就能确定自己哪一天不会需要这个朋友的帮助呢？所谓赠人玫瑰，手有余香。我们就算玫瑰送给他人，也应该在他人心里留下美好的回忆和温暖的感受。

作为意大利著名的音乐家，罗西尼为人低调谦和，很少张扬。他出生于1792年2月29日，这也就意味着他每4年才过一次生日。因此，在他72岁那年，才过了18个生日。很多朋友都想为罗西尼过一个盛大的生日，因而他们募集了两万法郎，一致决定要为罗西尼建造一座雕塑，以弘扬他在音乐上的伟大造诣。得知此事后，罗西尼当然反对，因为他觉得让自己的雕像站在大庭广众之下毫无意义，而且建造雕像也是极大的铺张浪费。但是面对朋友们的好意，罗西尼以开玩笑的口吻说："上帝啊，我们不能这么浪费。你们的好意我心领了，如果你们坚持这么做的话，我认为还是由我自己亲自站在那里比较经济实惠一些。"罗西尼的话把朋友们逗得哈哈大笑，在笑声中，他们也意识到罗西尼对此事并不赞成，因而都打消了这个念头。

在这个事例中，朋友们完全是出于好心，所以才募集两万法郎送给罗西尼这份独特的生日礼物。但是，罗西尼一向低调谦和，因而并不赞同这么做。在这种情况下，如果直接指责朋友们的做法欠妥当，很有可能使朋友感觉到好心没好报，因而感到伤心。罗西尼以开玩笑的口吻委婉地说建造雕像不如他自己亲自站着，让朋友们感受到他的态度，主动打消了念头，无疑是最好的拒绝方式。

朋友们，你们会以恰到好处的方式拒绝他人的好意吗？如果因为拒绝，

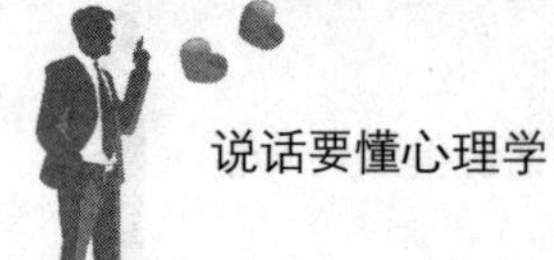

反而得罪了对你好的人，这无疑是非常使人遗憾的。即使对于他人的求助，我们也应该以最佳方式拒绝，这样才能给予对方更多的尊严，也使对方不至于对你心生嫌隙。当然，除了调整好态度之外，我们也还可以找出合情合理的理由，告诉对方你实在是心有余而力不足，相信这样对方即使遭到拒绝，也一定不会埋怨你，甚至依然会对你心存感激呢！

聪明人从不直接否定别人

生活中，没有任何人不犯错误，只有意识到这一点，我们才会宽容地对待自己的错误和他人的错误，也能够给予他人更多的理解和体谅。虽然人人都知道这个世界上没有绝对完美的人，每个人都是在错误中成长起来的，但是依然有很多人一旦看到他人犯错误，就会声色俱厉地批评他人，甚至把他人批评得羞愧不已，无地自容。如果这个时候你能设身处地地设想一下犯错误的人是你，那么你也许就不会再这样得理不饶人了。归根结底，没有人愿意被批评，更何况是毫无分寸、冷酷无情的批评呢！

很多父母在教育孩子的过程中，一旦孩子犯了错误，就会非常严厉地批评。如今的教育界经过研究已经证实，在成长的过程中总是被压制的孩子，长大之后心理上会发生扭曲。因此，如今的很多父母都很重视表扬孩子，赞美孩子。不过需要注意的是，即使表扬和赞美也不能直接抵消批评和否定的负面作用与影响，只有改正错误，完善和提升教育方法，才能对孩子的成长起到好处。即使很小的孩子，也会因为遭到否定而沮丧失落，更何况是成人呢？和孩子相比，成人的心智发育更加成熟，而且也更爱惜自己的面子。因而，在与他人交往的过程中，或者是在生活和工作中需要与他人打交道时，聪明人从来不会随意否定他人，更不会当众批评他人，否则就会因为人的叛

逆心理和爱面子的心理，导致事与愿违，非但无法起到批评的效果，反而会因为对方的叛逆甚至是怨恨，导致得不偿失。

作为建筑工地的监理，小张每天的工作就是给工程挑错。或者泥灰的配比不对，或者阴阳角不达标，或者保温板的厚度不够，或者工人没戴安全帽……总而言之，每当看到小张来到工地，包工方总是心惊胆战的，生怕哪个地方干不好，就要返工重新干。

在经过一个多月的磨合和不断地挑错之后，小张觉得包工方的建筑标准越来越接近规范的要求了，因而也就不再整日板着一张脸，让谁看到他都觉得害怕。然而，这天早晨当他来到工地，却突然发现所有阴阳角的位置保温板都贴得不对，很容易开裂。他很清楚这是一个浩大的返工工程，因而他决定不再采取严厉批评的方式，而是要变换方式，让包工方更容易接受。小张找到包工方的负责人，说："李老板，最近你们的工程质量大大提升，这都是你管理有方啊！"李老板赶紧说："哪里，哪里，这都是因为你认真负责，每天都来工地上监督工人们干活，有了错误都指出来的功劳。"小张继续说："今天我发现了有个地方有点小小的问题，其实告不告诉你都两可，但是我怕给你以后惹麻烦。你也知道，你们在工程结束后是拿不到所有工程款的，有相当一部分工程款必须验收之后才能顺利结算。我发现你们的工人在贴保温板的时候，阴阳角的位置都没有错缝，这样等到验收的时候，表面的涂料很容易开裂，最终还是会追查到你们的原因。我是建议你们把阴阳角的位置重做一下，这样你们到时候结算会更顺利一些，你觉得呢？"听到小张如此委婉的表达，李老板当然无话可说，当即表示："没问题，我马上安排工人专门纠正这个问题，您放心吧！"

就这样，原本会遭到承包方抵触的一个大问题，被小张以提建议的方式圆满解决了。小张的表达非常委婉，听起来不像是批评，更不是否定，而是为了李老板着想，避免李老板因为这个错误被克扣工程款。因而，李老板非

但没有心生抵触，反而非常感谢小张的认真细致呢！

所谓人活一张脸，树活一张皮。任何情况下，我们都要爱惜和顾全他人的面子，否则就会使人际关系恶化。同样的话，如果改变一种说法，也许就会产生让人满意的效果，既然如此，我们为何不努力地尝试不再否定和批评他人，而是改变委婉的方式，让他人主动改变错误，变成你所期望的样子呢！生活中的聪明人，总是愿意更少地批评和否定他人，而以激励和建议的方式，让他人心甘情愿地改变。只有愚蠢的人，才会动不动就声嘶力竭、冷酷无情地批评他人，不但伤了他人的自尊和面子，也给自己无形中树立了敌人。

第09章

滴水不漏的表达，让你从不祸从口出

水，曾经被人们视为世界上最软弱的东西，的确，水是无形的，而且无孔不入，能够遁入到很多事物的内在。把水放在什么容器中，它就会呈现什么样的形状，能圆能方，也能上天入地。对于这样的水，也有人将其视为坚韧的代表，甚至比刚强更富有力量。如果我们的话也能说得像水一样，无孔不入，滴水不漏，那么我们无疑已经成为语言高手，富有驾驭语言的强大力量。

抬高别人，就是给自己铺路

很多人以为人生是在高处，实际上，人生是在低处。看了下面的这个故事，你一定会恍然大悟。曾经，有个年轻人全心全意想要学习丹青，但是始终没有找到让他满意的老师。年轻人对于很多老师都看不上眼，也毫无钦佩之情，因为他觉得自己比他们强多了。为此，苦闷的他来到法门寺，对住持倾诉自己的苦恼："为什么这个世界上，就没有一个足够优秀的老师，能够教会我学习丹青呢！"听了年轻人的抱怨，住持一语不发，而是拿出笔墨和宣纸，让年轻人画一把茶壶和一个茶杯。年轻人毫不迟疑，马上拿起纸笔开始作画。没过多久，在他的笔下，茶壶和茶杯跃然纸上。住持看了之后连声夸赞年轻人画得好，但是却又说："你这个茶壶和茶杯的位置不对，应该是茶壶在下面，茶杯在上面！"年轻人疑惑不解地反驳："不可能，一定是您说错了。自古以来，都是水往低处流，怎么可能茶杯在上面呢！"听了年轻人的话，住持笑着说："哦，原来你懂得水往低处流的道理啊！现在你就像是一个茶杯，如果想要得到大师的指点，那么你必须把自己放低。如今的你就像是在茶壶上面的茶杯一样，把自己放得高高的，水又如何注入其中呢！"住持一语点醒梦中人，年轻人受教而去。

通过这个小故事我们不难看出，每个人在生活中要想得到进步，就必须怀着谦虚的心态。否则，如果总是自视甚高，又如何能够向他人虚心求教呢！年轻人如果能够放低自己，抬高老师，那么就能得到老师的倾心相授，

从而不断地提高自己。否则，他就永远也得不到进步，只能在前进的道路上自己摸索，龟速前行。

作为初入公司的新人，小马很清楚地知道自己不但学历不高，而且资历也很浅，经验更是接近于无。因此，他从进入公司之后，就始终怀着空杯心态，即使对于公司里的清洁工，也是毕恭毕敬，从来不敢有丝毫的不尊重。对此，有几个一起进入公司的新人都笑话小马，说他是夹着尾巴做人。小马对此不以为然，他坚信自己的原则，始终一如往常。

有一天，清洁工刘阿姨突然神秘地对小马说："小马，现在对你有个好机会，你要做好准备啊！"小马不知所以，刘阿姨继续说："我在张总办公室打扫卫生时，听到张总说准备从你们这几个新来的人里，选一个出来去美国进修呢！这是多好的机会啊，千万别错过！"尽管不确定刘阿姨所说消息的准确性，但是小马想：机会总是青睐有准备的人，与其白白放过一个机会，不如做好准备，等着机会降临。就算最后这个机会根本不存在，我也能得到提升，根本不会失去什么。这样想着，小马更加努力地工作，不但把工作完成得很好，而且还利用工作之余报名参加了一个英语口语培训班。他很有自知之明，虽然自己是英语四级，但是那点儿知识早就还给学校了，而且书面英语好也不能代替口语。三个月之后，正当小马忐忑不安地想机会能否到来时，经理突然宣布了要派人去美国学习的消息。这时，公司里的十几个符合条件的新人全都摩拳擦掌。最终，小马凭借工作上的出色表现和一口流利的英语，理所当然地成为最佳人选。

在这个事例中，小马原本根本没有可能得到公司的内部消息。恰恰是因为他放低自己，怀着谦逊的态度恭敬地对待公司里的每一个人，包括清洁工刘阿姨。所以刘阿姨在打扫卫生时听到消息之后，马上把消息告诉小马。由此一来，准备充分的小马轻而易举地得到了这个千载难逢的好机会。

人生在世，谁也不知道自己会求着谁，谁也不知道自己人生中的贵人是

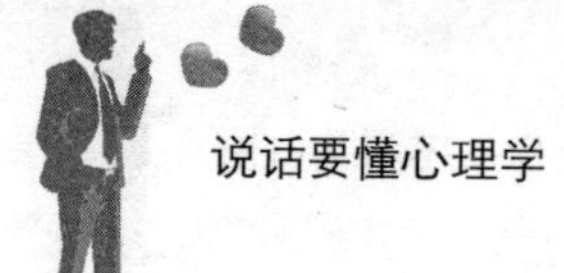

谁。因此，我们完全没有必要对他人颐指气使。既然抬高他人并不能使我们损失什么，反而还有可能使我们得到更多的帮助，我们又何乐而不为呢？纵观古今中外，很多成功人士之所以能够获得成功，也恰恰是因为他们意识到抬高他人、放低自己的真理。1921年时，美国钢铁大王卡内基曾经高薪聘请夏布去他的公司担任CEO。对此，很多人都不了解，卡内基却说："夏布最值得我高薪聘请的地方，就在于他很会赞美别人。"无疑，每个人都希望得到他人的赞美，这样的抬高是最受欢迎的方式。由此可见，抬高别人对于一个人而言是非常重要的品质和技能，甚至能够帮助人们更加接近成功。

逢人只说三分话，是保护自己

现代社会，人与人之间的关系空前复杂，甚至很多亲人之间，也都不再像以前那样毫无嫌隙。正如古人所说，逢人只说三分话，不可全抛一片心。不管在生活中，还是在工作中，我们都应该注意保护自己的隐私，尤其是那些事关重大的私密事件，更是不要毫无保留地向他人全部说出来。一则，很多烦恼说出来非但无益，甚至还会事与愿违，给自己增加很多不必要的麻烦。此外，所谓知人知面不知心，很多人还会因为知道了你的弱点，以此为把柄，控制或者威胁你。如此一来，你的人生岂不被动。因而，我们说逢人只说三分话，是保护自己的一种方式。

也许是因为压力太大吧，现代生活中有很多人都喜欢倾诉。只要有一点点喜怒哀乐，他们或者找好朋友诉说，有的时候还会随时随地地发到微信朋友圈里。新闻里不止一次曝光，有些人因为过多地在网络上曝光自己的隐私，导致家人或者自己受到伤害，令人扼腕叹息。实际上，真正关心你的人，即使你不发朋友圈，他也会觉察到你的异样。对于那些对你怀着无所谓

态度的人，即便你每天发十次动态给他，只怕也是徒劳无功。有人说，烦恼与人分享，就减半；快乐与人分享，就变成双倍的快乐。因而，这些人主张不管是悲是喜，都应该积极地与他人分享，尤其是那些关心和爱护我们的人们。当然这也没错，不过凡事都要适度，既不要把自己的烦恼转嫁给他人，也不要因为过于快乐而叨扰他人的生活。归根结底，不随意地暴露自己的隐私，对于我们个人的生活和工作都是很有好处的。

这段时间，公司里正在进行内部竞聘，要在行政部选拔一名行政人员，当行政部主管。对此，几个符合条件的行政人员，全都跃跃欲试，谁也不想错过这个好机会。最终，经过层层选拔，只剩下夏丽丽和马舒薇。她们俩不但能力相差无几，在工作上的表现都同样优秀，而且还是关系特别好的姐妹。

相比之下，夏丽丽因为人际交往能力很强，所以与每个同事关系都非常好。如果公平竞争，她显然比马舒薇的胜算更大，毕竟行政部主管的工作是要与全公司的员工都搞好关系的，不然工作就很难开展。最终，领导突然宣布由马舒薇担任行政部主管，这让所有人都出乎意料，包括夏丽丽自己，因为不知道自己到底哪里导致落选，所以虽然马舒薇是她的好朋友，她依然去找上司问清楚原因。上司的理由很简单："公司里有人反映你在大学时期曾经考试作弊，而且还经常旷课。"夏丽丽一下子知道了问题所在，因为整个公司只有一个人知道她的这件事情。夏丽丽很伤心，什么也没有说，就离开了上司的办公室，她虽然很恨那个出卖她的人以这样不光彩的方式和她竞争，但是毕竟是曾经的好姐妹，她不想把事情弄得太僵。

原来，夏丽丽的确因为一些特殊原因曾经在大学里考试作弊，而且她也有段时间常常旷课。这件事情她只告诉了马舒薇，她无论如何也没想到马舒薇居然会用这种方式与她竞争。没过多长时间，夏丽丽就辞职了，对于马舒薇的所作所为，她没有在公司走漏任何风声。

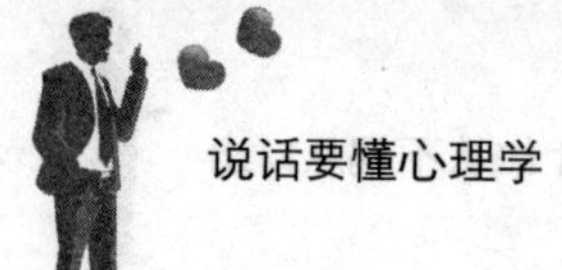

在这个事例中，夏丽丽原本是十拿九稳当上行政部主管的，但是因为马舒薇知己知彼，而且先发制人，在上司面前说了夏丽丽的坏话，导致夏丽丽落选，而她也理所当然地荣升行政部主管。对于曾经情同手足的好姐妹，夏丽丽沉默地选择了辞职。

在职场上，有很多同事之间关系亲密，私交甚好。其实同事关系在现代社会是比较难以处理的关系，因为同事之间朝夕相处，如果没有利益纠纷，应该会成为非常好的朋友。偏偏很多同事关系会突然转化为竞争关系，甚至产生利益冲突，这种情况下曾经的相知就会变成一些把柄，被他人握在手中。公私分明的人也许不会做出卖朋友的事情，但是一切的背叛都是因为诱惑的筹码足够，所以当利益牵扯很大的时候，也许大家就会选择背叛朋友，甚至在朋友背后捅刀子。这样的结果，显然是每个人都不想看到的。从这个角度来说，我们对再好的同事、朋友只说三分话，有所保留，不但是为了保护自己，也是为了保护脆弱的友情。如果对方压根不知道你的隐私和秘密，即便受到利益的诱惑有些心动，也无法顺利地出卖你，这样友情才不会被破坏和毁灭。

过度热情，让人如坐针毡

家里来了客人，一定是要热情接待的，这是中华民族的传统礼节，也是人际交往的根本原则。然而，所谓热情也是需要把握好度的。如果没有把握好度，过度热情，就会让来访者如坐针毡，如芒在背。甚至因为你的热情，他们还会心中忐忑不安，以为你是否有什么不良企图，所以才对他们热言热语暖人心。从这个角度为出发点，我们不管在什么场合都要把握好说话的分寸，既不要对人过于冷淡，也不要对人过于热情，这样才能给人以坦然自若

的亲切感和自由感。

前段时间，小米和小麦去大伯家嫁出去的堂姐家里做客。自从出嫁之后，这个堂姐几次邀请小米和小麦姐妹去她家里，因为周末，小米和小麦就一起结伴而行，来到了十几里路到堂姐家。

难怪家里人都说堂姐找了个好人家，堂姐家果然气派！看到堂姐家高高大大的楼房，小米在心里暗暗想到。她们距离门口还有一段距离呢，堂姐就非常亲热地迎了出来。原来，堂姐知道她们要来，一大早上就在门口等候着了。看到堂姐结婚之后起色很好，精神也很好，小米和小麦暗暗为堂姐高兴。堂姐把她们迎进屋子里，马上就拿出洗好的水果招待她们，等到吃完丰盛的午饭之后，堂姐就拿出点心、糖果等小零食，一个劲儿地让她们吃。小米渐渐有些坐不住了，不断地给小麦使眼色，想要早点离开。看到她们姐妹准备打道回府，堂姐拿出提前准备好的礼物，非要让她们带上。又是一番推辞和礼让之后，小米和小麦终于离开了堂姐家。刚出大门，小米就长长地嘘了口气，说："真不知道堂姐怎么变成这样了呢！她以前也不是这样啊，怎么结婚之后就这么客气呢！我在她家觉得一点儿也不自在，总觉得有双眼睛在盯着我！"小麦也深有同感地说："是啊，不知道堂姐为什么这么客气，我也感觉很难受。我以后再也不来了，我还是喜欢以前那个在一起嘻嘻哈哈打闹的堂姐。"

在这个事例中，原本非常亲近的姐妹们，因为堂姐的过度热情，反而变得生疏起来。这就像是礼貌用语一样，用在陌生的人之间表示礼貌和尊重，如果用在关系亲密的人们之间，则会导致隔阂。凡事都要适度，如果想避免尴尬情况的发生，我们就要掌握热情的尺度，千万不要因为泛滥的热情，把交谈的人或者客人都吓跑了呀！

就像冬天供暖的温度一样，假如温度不够，人们就会冻得瑟瑟发抖；反之，假如温度过高，人们又会觉得浑身冒汗，躁动不安。其实，热情也是如

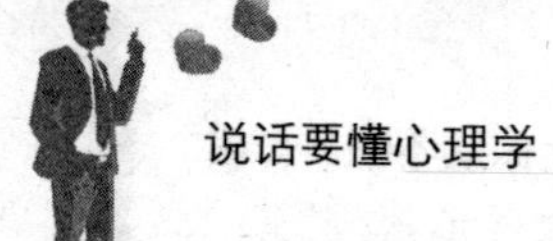

此，真正的热情在于真诚的态度，而不在于客套的推让。我们只有把握好语言的温度，才能待人接物恰到好处，获得自然和谐的人际关系。

说话前思量好，话才不会脱口而出

每个人每天都需要与他人交流，要想建立良好的人际关系，我们首先需要掌握语言的艺术。试想，如果一个人连话都说不好，又如何做到与他人友好相处呢？有很多时候人与人关系的破裂就是因为其中一方的一句无心的话，这并非耸人听闻。可以说，人与人之间的关系是这个世界上最牢固和坚韧的，也是最脆弱和不堪一击的。我们必须好好经营和维护人际关系，才能使其始终保持合适的温度。

现实生活中，尽管人人都知道说话要讲究证据，但是依然有很多长舌妇，甚至包括很多男人，都喜欢传播小道消息，传递流言蜚语。这些话看似没有什么杀伤力，也不至于给人带来多么明显的伤害，但是其实对于人际关系绝对是一种腐蚀，会给原本良好的人际关系带来难以修复的缺口。记得曾经有个电视节目，专门让十几个人排成长长的队伍，然后依次口耳相传一句话。就是在这十米之内的距离中，那句并不长也不艰难晦涩的话，就彻底变了模样，甚至连此前的一点意思都没有了。我们可以试想一下，如此咬耳朵地传话，话都变了意思，更何况是在生活中各种复杂的场合里，添油加醋地口耳相传呢！很多流言蜚语，根本无法追溯本源。

晓玲和丽丽是一对好朋友。晓玲心思细腻，丽丽则是个马大哈，不但喜欢说笑，而且快言快语，心里几乎装不下事情。有段时间，丽丽看到晓玲的老公和其他女人在一家餐厅里吃饭，而且有说有笑的，看起来非常开心的样子。丽丽一刻也没有停留，马上打电话告诉晓玲："你家老公和一个女人

吃饭，看起来还很亲热和熟悉的样子呢！你可别整天只顾着操持家务照顾孩子，到时候老公被人家拐跑了，你都不知道！”丽丽说话就像连珠炮，说完就完了，但是晓玲却郁闷了。

等到老公深夜回家之后，她故意试探老公：“今晚你们单位聚餐吗？”老公点点头，说：“嗯，老板请客！”晓玲又问：“难道你的女老板只请你一个人？”老公感觉到晓玲说话的语气饱含挖苦和讽刺，因而反问：“你什么意思？”晓玲突然爆发了，一把鼻涕一把眼泪地诉起苦来：“我天天在家里当黄脸婆，好好的工作都不要了，专门伺候你和儿子。你可倒好，有时间陪着别的女人吃饭，却把我扔在家里不管不顾。我告诉你，从现在起老娘也不伺候了，儿子你管，家务你做，我也要像你一样去外面风流。”晓玲的这番话把老公彻底弄蒙了，怒斥她：“你发什么神经病，我们十几个人一起吃的饭，不信你明天可以去我的单位问。简直不可理喻！”老公说得言之凿凿，晓玲不由得心虚起来，不敢再声张，但是老公却气得一个晚上都没理她。晚上，晓玲赶紧打电话问丽丽到底看见了什么，听到晓玲说和老公吵架了，丽丽才慌张地说：“哎呀，我是和你开玩笑的呢，你怎么当真了！我的确看到你家老公和一个女人坐在一起吃饭，还相谈甚欢，不过他们那张桌子上的确有十几个人，并不止他们两个人。”听到丽丽的解释，晓玲生气地说：“你这个人，说话怎么这样啊，难道一点不要负责任的吗！”

丽丽顺口说出的捕风捉影、夸大其词的话，就这样轻而易举地导致晓玲和丈夫吵了一架，严重影响了他们的家庭和谐和夫妻感情。对于任何夫妻而言，彼此间的信任都是最重要的。不管是被怀疑的那一方，还是怀疑的那一方，一旦心中有了疙瘩，就很难解开。其实，丽丽在当初夸大其词的时候并没有想到问题会这样严重，如今的她也是追悔莫及。

英国著名的思想家培根曾说，不管对于任何人而言，说话的实事求是与含蓄得体都比口若悬河更可贵。的确，人们在社会生活之中难免会遇到一些

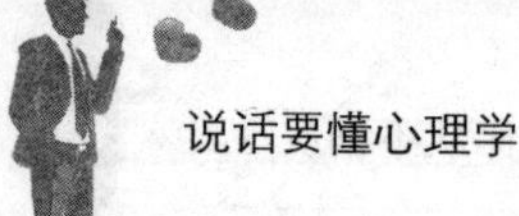

意外的事情，与其闪烁其词造成误解，或者夸大其词导致纷争，不如从客观实际出发，实事求是。只有说话前思量一番，才能避免祸从口出，也不会随随便便就把什么话都不假思索地脱口而出。很多情况下，说出去的话如同泼出去的水，想要收回是很困难的，更别说消除影响和误解了。因而，每个人都应该谨言慎行，三思而行，这样才能保证每个字都是符合客观事实的。

对聪明人大可点到为止，避免尴尬

很多学过敲鼓的人都知道，每一下都敲到点子上，才算一个合格的鼓手。其实，说话也如同敲鼓一样，必须找准点子，才能事半功倍。否则，即使说得再多，也没有效果，只是白费力气而已。鼓手还知道，响鼓不用重锤。只要轻轻地敲打鼓皮，就能发出美妙的鼓声。如果敲打得太重，也许就会损伤鼓皮，把一口鼓彻底报废了。由此可见，要想成为优秀的鼓手，敲鼓的力度也必须把握好。正如敲鼓一样，说话也是要讲究力度的。一旦伤害了对方的自尊和颜面，导致对方破罐子破摔，那么再说什么也都是无用的。总而言之，在语言交流的过程中，我们对于聪明人大可以点到为止，这样就不会因为说得过于直白和烦琐，导致关系恶化，彼此都陷入尴尬。

现代社会，生活的节奏越来越快，工作的压力越来越大，很多人都牢骚满腹，遇到一点事情就不停地抱怨。其实，抱怨是没有任何意义的，因为这并不会对生活起到什么实质性的作用，反而会影响人们的心情，使很多事情都朝着更糟糕的方向发展。如果我们能够把喋喋不休的抱怨换成另外一种方式说出来，诸如请求、求助、赞美等，就会起到意想不到的效果。

最近这段时间，乔丽发现老公对她越来越无视了。前段时间，老公很晚下班之后，还会抽出时间和她简单沟通几句，但是现在，老公虽然每天下班都很早，却在吃饱喝足之后，不是看电视，就是上网与朋友聊天，再不就是和几个朋友相约打网络游戏，总而言之，没有任何时间是给乔丽的。

还有几天就是乔丽妈妈60岁的生日了，家人一致同意要给妈妈好好做寿。然而，乔丽一直等了好几天，都没找到机会和老公就这个问题详谈。今天是周六，老公早早起床去和朋友打篮球，直到中午才气喘吁吁、浑身大汗地回来。狼吞虎咽地吃了乔丽精心准备的饭菜之后，他冲了个澡就一觉睡到傍晚。起床之后，他一边吃水果，一边打开电视。这时，乔丽问他：“你一会儿准备干什么？”老公毫不迟疑地说：“看电视。”乔丽又问：“看完电视呢？”老公回答：“今晚有几个同事约了一起去酒吧喝酒，不过我会早点儿回来的。”乔丽继续问：“如果你十二点钟能回来，还准备做什么？”老公想了想，说：“睡觉啊，半夜三更地还能干什么？”乔丽毫不气恼地问：“如果我等你到十二点，你回来之后能给我半个小时时间吗？我想和你商量一下给妈妈过大寿的事情，再有五天就到了。”老公这才恍然大悟，愧疚地说：“哎呀宝贝，对不起，这段时间我太贪玩，忽视和冷落你了。我马上推掉晚上的酒吧之约，咱们好好商量下怎么给妈妈过大寿吧！”看到老公悔改的态度良好，乔丽高兴地笑了。

在这个事例中，如果乔丽换一种态度，从一开始就抱怨和指责丈夫，那么也许事情的结果会完全不同。没有任何男人愿意挨媳妇数落，男人都是非常爱面子也讲究自尊的。在这种情况下，乔丽的处理方法给了老公很大的面子，也使老公感到自己受到了尊重，因而他才能马上反省自己，及时改正。

点到为止，在人与人的交往中是一种艺术。如果我们能够掌握这种交往和交流的艺术，在与他人相处的过程中，就会少一些矛盾和争吵，多一些宽

容与和谐。会说话的人不管多么着急，都不忘给他人留面子，而且他们总是见好就收，尽量给他人留下更多的余地。这样的人际关系，自然是非常和谐融洽的，也是容易得到人们的欢迎的。否则，一旦斩钉截铁地把对方逼入死角，使其没有任何回旋的余地，就是导致他们破罐子破摔，再想挽回就很困难了。

第10章
镇定自若，说得好不如说得巧

生活中，每个人都会遇到突发情况，都需要用语言进行良好的沟通，才能尽量相互理解和体谅，从而完满解决问题。作为人与人之间沟通的主要方式，说话并非是简单的事情。要想把话说好，说到点子上，说得恰到好处，则更是难上加难。

学会委婉含蓄地说“不”

拒绝他人，是一件让人感到很尴尬的事情，因为一旦拒绝的方式不合理，就会导致被拒绝的人心生不悦，甚至影响彼此间的人际关系，这就得不偿失了。然而，生活中没有人是全能的，我们常常会被他人求助，也常常求助于他人，这也就决定了我们必须面对拒绝他人求助和被他人拒绝的双重困境。如果能够掌握好语言的艺术，恰到好处地拒绝他人，我们就能搞好人际关系，也不会因为拒绝而失去朋友。

任何情况下，被拒绝的人心中都有小小的遗憾，因而在拒绝他人时，我们应该学会委婉含蓄的方法，把对方的遗憾降到最低，尽量避免对方产生不满。诸如，我们可以找一些合情合理的理由，或者编造一个看起来合情合理的理由，这样一来，对方就会觉得你也是心有余而力不足，并非故意不帮忙，所以遗憾能够小一些。当然了，人生在世谁不需要帮助呢，在面对他人的求助时，如果我们能力能够达到，那么慷慨大方一些也未尝不可。其次，我们还应该注意拒绝对方的方式，诸如可以适当抬高对方，贬低自己，这样一来对方自然不好意思继续求助于你。最后需要注意的是，不管采取哪种方式，都要非常委婉含蓄，避免锋芒毕露，伤害到他人。

作为医生的小张，自从大学毕业后进入医院工作，经常会被亲朋好友求助开病假条。当然，来求助于小张开病假条的人大多数都是没病的，否则他们直接找给他们治病的医生就可以了，何必还来绕弯子呢！只不过每个人每

个家庭都会有一些突发的事情需要请假，而单位对于事假管理又很严格，所以他们思来想去就想到了小张。有一个朋友在找小张开病假条时不以为然地说："哥们儿，这个病假条对你而言不就是一张随手可得的纸么，别吝啬，赶紧给我开一张吧！如果三天病假不够，到时候我再来找你续开。"

小张苦笑着问："哥们儿，你知道我进入这家医院付出了多少努力和多大的代价吗？"朋友不明所以地摇摇头，他不知道小张为什么这么问他，小张继续说："我学医这几年，花了家里十几万。为了进这家医院，老爸又花了十几万给我托人找关系，当然我也要非常努力通过医院严苛的考核才行。你知不知道，那张你嘴里随处可见、唾手可得的纸，很有可能让我们的这一切努力都白费。你可能很难想象开虚假病假条的严重后果，我可以告诉你，和你们公司里对待出卖公司信息的员工一样，后果就是马上辞退，永不聘用。"听到小张一本正经的回答，朋友沉默了，良久才说："你不说我不说，只有天知地知啊。"小张开玩笑地说："话虽如此，但是我宁愿对不起你，也不能对不起我老爹的殷切期望啊，他还指望着我光宗耀祖呢！"听到小张这么说，朋友再也无法继续强求小张了，只好说："也是，可怜天下父母心，我就不再为难你了。"就这样，小张以言辞恳切的诉苦，打消了朋友的念头。

小张的拒绝方式，诉说了自己的为难之处，让朋友虽然心中有些遗憾，但是也不能抱怨或者责备他。很多情况下，我们都可以以这样的方式拒绝他人，得到他人的理解和谅解，也能摆脱双方的尴尬。

除此之外，我们还可以学着以轻松幽默的话来拒绝他人。总而言之，面对他们的请求，千万不要颐指气使，更不要觉得他人在请求你的时候是低三下四的。生活中，谁人不求人呢，也许今天是他人求你，明天就是你求他人了。想到这里，我们必须善待每一个求助于我们的人，这样才能更好地维护人际关系，使朋友之间的友谊之树常青。

巧妙还击，让他人哑口无言

生活中，我们常常遇到一些居心叵测的人，面对他们的故意刁难，我们难免会陷入进退两难的境地，无法坦然以对。也因此，我们会被伤了面子，甚至自尊心和自信心也受到损害。要想更好地保护自己，我们就应该掌握语言的艺术，学会灵活机动地应对这些尴尬的情况，从而帮助自己摆脱困境，坦然面对他人的刁难，保持镇定自若，气定神闲。

通常情况下，那些难以回答的问题都是带有挑衅意味的。大多数友善的朋友，很少在交谈的过程中故意刁难，因而对于那些生活中无意之间导致的难题，我们可以更加坦然和真诚地回答。而对于那些刻意为之的刁难，则可以予以巧妙还击。需要注意的是，在这种情况下反目成仇是完全不可取的。因为反目成仇只会让他人暗暗窃喜达到了目的，尤其是看到你面红耳赤、歇斯底里。对于那些心怀不轨的人，我们最好的反击就是淡定自若，从容不迫，这样他们的阴谋诡计就落空了。

很久以前，有个穷人带着干粮在赶路。他不停地走啊走啊，直到累得走不动了，才来到一棵树下坐着，靠着树干一边休息，一边拿出干粮就着冷水吃了起来。在他不远处，有个卖小吃的摊贩正在煎肉。看着穷人津津有味地吃着干粮，摊贩一直盯着穷人看。直到穷人吃完了干粮，摊贩突然喊道："喂，穷鬼，你快付钱给我！"穷人很惊讶，不知道摊贩为什么这么说，因而不知所措地站在那里。摊贩依然不依不饶："你看看，你吃着干粮却津津有味，不就是因为闻着我的烤肉味么！你必须付给我一元钱，这是你闻我煎肉香味的钱。"穷人很发愁，因为他根本没有一元钱，他懊悔地想：天下居然还有这样的事情，早知道我就坐得远一点了。他为自己辩解："老板，我要是有一元钱，就向你买肉吃了，怎么还会啃着冰冷的干粮呢！而且，我也没有想要闻烤肉的味道啊，是风把它带过来的。"摊贩依然喋喋不休，不依

不饶，很快他们身边就聚拢了很多人看热闹。虽然大家都为穷人喊冤叫屈，但是的确无法否认穷人闻到了煎肉的香味。眼看着他们争论不休，大家只好把他们带到了警察面前，让警察判断公道。

问清楚事情的缘由之后，警察笑着说：“这还不简单，这位大哥的确闻到了煎肉的香味，理所当然要付出代价。”摊贩听到警察的话非常得意，睥睨着穷人。这时，警察继续说：“既然这位大哥没有钱支付，我想他可以借钱支付。那么在场的朋友谁有一元钱呢，借给这个大哥用一下，只需要几秒钟就好。”大家全都不明所以，不知道警察接下来要干什么。从一位群众手里接来一元钱之后，警察拿着钱对着阳光，又指着一元钱在阳光下的投影对摊贩说：“现在，把这一元钱的投影拿走吧！”摊贩这才恍然大悟，原来警察只是要把一元钱的阴影给他，因而他觉得很不公平，当即表示抗议，警察却不慌不忙地说：“这位大哥只是闻到了肉味，并没有吃到肉，因而你收钱也只能收钱的投影，无须真正拿到钱。”警察的话把摊贩说得哑口无言，他只好灰溜溜地走了。

在这个事例中，贪心的摊贩居然向闻到肉味的穷人要钱，因为警察先是肯定了摊贩的行为，让其对警察的决议坚决拥护，接着又以子之矛攻子之盾，按照摊贩的逻辑最终决定穷人只需要付出一元钱的阴影，如此一来，摊贩自然无法再说什么，只能灰溜溜地息事宁人。

生活和工作中，很多人都会因为他人的故意刁难而面临困境，既不能给予肯定的回答，也不能给予否定的回答，最终陷入两难的境地，无法准确做出判断。面对这样的情况，我们可以反其道而行之，不用费心去想如何回答和解决问题，而只要以子之矛，攻子之盾，就能让对方哑口无言。不得不说，这是对他人刁难的最好办法，效率显著，且让人无法反驳。

幽默摆脱尴尬，反而彰显本色

生活中的一些人总是有点儿歪心思，他们最喜欢看别人出糗，因为不管是出于好玩的心理还是出于恶意，他们总喜欢给别人设置障碍或者圈套，让别人难堪和尴尬。对于这样的人，我们也许会选择忍让，但是当一次次的忍让换来的是对方的得寸进尺时，我们就应该勇敢地还击。尤其是当这种挑衅发生在公众场合时，就更加让人难以忍耐。那么是直接声色俱厉地反驳吗？如果对方也不依不饶，矛盾马上就会升级，变成争斗，反而更加贻笑大方。其实，对于这些无理挑衅者最好的办法，就是以机智幽默来摆脱尴尬，这样非但能表现出你的灵活和智慧，也能表现出你的宽容大度，相信明眼人一定知道你才是真正大度和有魄力、有胸怀的。如此一来，你反而因祸得福，不但摆脱了尴尬，而且在众人面前赢回了自己的面子和好口碑，可谓一举两得。

2014年年初，由黄家辉执导，由何润东、袁姗姗等大明星主演的《芙蓉锦》即将杀青，黄家辉携诸多主演在北京举行记者招待会，为即将播出的《芙蓉锦》打造声势。当然，诸多媒体闻讯赶来，现场记者云集，气氛非常热闹。毫无疑问，这些赶来现场的媒体和记者都是想要得到更多消息的，在诸多主演之中，何润东因为名气最大，被提问的次数也是最多的。面对记者们事无巨细的提问，他始终极富耐心地回答，而且面带微笑。

在何润东回答完一个问题之后，突然有位记者站起来唐突地问：“您好，我听说前几天有家网站针对亚洲的诸多明星，进行了最丑明星排行榜。据说，那些上榜单的明星都是网友们非常认真负责地投票选举出来的。根据最新的真实可靠消息，吴莫愁作为亚洲最丑明星位列榜首，而您紧跟其后排名第二。那么，请问何润东，您对此有何看法？”现场突然间安静下来，每个人都觉得很尴尬，也不知道何润东接下来会如何应对。就在气氛剑拔弩张

的时刻，何润东突然笑着说：“当然，我第一时间就看过那个排行榜了。对于自己能够给大家带来更多茶余饭后的快乐，我当然感到无比荣幸。但是我心里也有小小的遗憾，因为我觉得我完全是有实力排名第一的啊！我的这张脸已经跟随我这么多年了，要是我能拿到亚洲第一，岂不是也算对得起它忠心耿耿地追随么！”听到何润东充满机智的回答，台下突然间爆发出雷鸣般的掌声。

对于一个大明星而言，无疑是最在乎公众形象的。当听到记者挑衅的提问，何润东非但没有因为对方的侮辱而感到恼火，反而非常冷静机智，以反其道而行的方式巧妙回答问题，最终以自己的宽容大度和机智幽默，赢得了在场所有人的钦佩和赞许。

生活中难免会有很多尴尬的时刻，如果撕破脸皮，也未必能够取胜，反而有可能自取其辱。最好的办法就是保持淡定，即便对方是满怀恶意的挑衅，我们也可以以宽容大度取胜。大多数情况下，人们总是同情弱者，既然如此我们何不示弱一次呢！即便与挑衅的人针锋相对，水火不容，也未必能够挽回影响，反而损失更大。既然如此，我们不如坦然面对，顺从地承认自己的瑕疵和缺点，也许会有意想不到的效果呢！

暗示的表达方法，让一切于无形

很多话题都是不能明说的，就像很多一流的东西一旦变成显形，就会成为二流，谈话也是如此。真正达到高境界的谈话，未必要把每句话都说得清清楚楚、明明白白，也可以点到为止，以暗示的方法让听话者自己领悟和意会，这样反而效果更好。

生活中不乏有些人，什么事情都喜欢掰扯得一清二楚。实际上，这个世

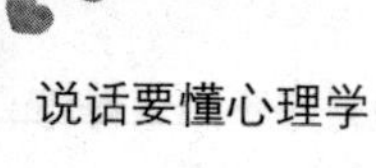

界上根本没有绝对的对或错，因而很多事情都没有必要分个胜负输赢，也没必要争个你强我弱。对于一些道理和真理，必须经过漫长时间的检验，才能为所有人接受。至于生活中那些粗浅的道理，则只需要彼此心服口服即可。由此可见，普通人交谈的目的并非发现真理，而是在不断地磨合中获得共识。只要能够达到良好的交流效果，暗示也不失为一种绝佳的交流方式。

假如你正准备出门，突然家里来了客人，但是你又不得不出门，那么如何下逐客令呢？假如你的朋友和你借钱，你恰巧手里也很紧张，但偏偏你的朋友以为你很有钱，你该如何说明心意呢？假如你很想向一个女孩表达爱意，却因为内向害羞而一直不敢说，偏偏也有别的男孩子对其展开积极攻势，你再不说就没有机会了，你又该如何是好？这些，都是我们在生活中经常会遇到的情况。聪明的人一定能够找到合理的表达方式，委婉地表达自己的心意。所谓不管黑猫白猫，只要能抓住老鼠的就是好猫。即便是用暗示的方法，只要能达到交流的目的就是好的方法。你，准备好暗示他人了吗？

有一天，小敏正准备出门办事。不想，家里突然来了一位客人。小敏又不能把客人拒之门外，因而就把客人请进屋子里，她想：也许客人很快就会告辞呢？！不想，客人在小敏家足足待了一个小时，还没有准备离开的意思，这时小敏办事的时间已经到了，而她还没有出门呢！小敏心急如焚，坐立不安。这时，小敏突然想出一个好办法，她悄悄发短信给一个闺蜜，让她现在马上打电话给自己。

几乎就在几秒钟之内，小敏的电话铃响了起来。小敏拿起电话，说：“哦，哦哦，不好意思啊，娜娜，我家里正好有客人，聊着聊着不小心忘记咱们的约会了。这样吧，你就在那里等着，我打车过去，马上就到，你看行不行？”小敏刚刚挂断电话，客人已经站起身来准备告辞了，还一连声地说：“不好意思啊，耽误你的约会了，你看我来得真不巧，咱们下次再聊吧！”就这样，小敏只接了一个电话，就无须再向客户下逐客令了。

一天晚上，张教授吃完饭正在家里休息呢，突然来了几个学生前来请教问题。学生们的学习热情都很高，你一言我一语地提出问题，还不停地讨论，直到深夜了，还没有离开的意思。张教授第二天一大早就要起床赶火车，去外地参加学术会议，因而有些困倦了，想早些休息。但是看到学生们兴致盎然的样子，他根本不好意思直接下逐客令。思来想去，就在一个学生提出一个比较深奥的问题，且大家彼此之间产生分歧时，张教授赶紧说："这个问题历来是学术界争论的焦点，咱们这样争执估计也很难得出结论，不如这样吧，我明天一大早就要去外地参加学术会议，等遇到那些专家学者时，我会拿出这个问题听听他们的意见。"听到张教授的话，一个学生恍然大悟："啊，老师，您明天一大早还要赶火车啊。您看，我们打扰您休息了。"说着，这位学生就赶紧招呼其他几个学生一起告辞，大家都为耽误了老师的休息而感到愧疚。

在第一个事例中，小敏想到了一个好办法，那就是让朋友打电话过来，佯装有约会的样子，这样一来，客人再厚脸皮也不好意思赖着不走了。在第二个事例中，作为教授，当然很希望同学们有积极的学习态度，因而面对好学的学生们，他根本也不好意思直接提出逐客令。因而，他以委婉的方式暗示学生们，他第二天要早起赶火车去参加学术会议，冰雪聪明的学生一下子就意识到老师需要休息，因而就赶紧告辞了。

所谓响鼓不用重槌，意思就是说如果鼓很响，即使轻轻地敲打，也能发出震耳欲聋的声音。人际交往也是如此，对于领悟能力强的人，即使不把话说得那么明白，他们也能领会和意识到话中隐含的意思，从而主动地做出改变。如果人与人之间很多隐晦的事情都不需要说得那么明白，就会让生活弥漫着淡淡的美好。

自嘲，是最高等级的幽默

自嘲，是幽默的最高等级，也是一个人拥有智慧的明确表现。一个善于自嘲的人，总不会陷入太多的尴尬之中，因为即便觉得难堪，他也能马上通过自嘲的方式缓解气氛，为自己和他人解围。因而，善于自嘲的人往往都拥有好人缘，和他们的交往使人觉得轻松自如，心情愉悦。

很多时候，无心的过失也会使人尴尬。语言，就像是行云流水从人们心中喷薄而出，难免会有失误的情况。如果一个人因为害怕说错话就闭口不言，这就像是因噎废食。当然，说错话的后果的确很尴尬，不但会伤害他人，也会使自己难堪。因而，我们不但要防范别人说错话给自己带来的尴尬，也要避免因为自己说错话，而给他人带来伤害。但是错误总是难免的，只要我们还在不断地进行语言交流，就总有说错话的时候。在这种情况下，自嘲能够很好地起到补救的作用。

美国总统克林顿，和所有的普通人一样，健康也曾面临危机。曾经特别喜欢吃麦当劳的克林顿，因为心脏疾病，不得不戒掉麦当劳里的美味汉堡。2004年，由于心脏病的症状越来越严重，他在一年的时间里接受了四次心脏搭桥手术。即使这样，克林顿依然保持着积极乐观的精神，而且还能做到轻松地自嘲，以娱乐他人。对于自己令人堪忧的健康状况，他依然毫不吝啬自嘲，使人感受到他顽强的精神和意志。2010年，在参加“烤架俱乐部”的宴会时，有人曾问起了克林顿最爱哪款鸡尾酒，克林顿马上风趣地回答：“鸡尾酒当然是我的最爱，我如今最喜欢喝加冰的立普妥。”听者马上哈哈大笑起来，因为立普妥可不是什么鸡尾酒，而是一种降低胆固醇含量的药物，克林顿需要长期服用。

既然可以把立普妥视为自己最爱的鸡尾酒去享用，足见克林顿是非常重视健康饮食的。在很多公开的场合，他都大力宣传素食的好处，坚定不移地

成为了一名素食主义者。对此，克林顿说：“为了我的国家和家庭，我必须理智而又慎重地做出选择。”毋庸置疑，克林顿是一个责任感很强的人，在轻松幽默之于，他很清楚自己需要什么。

自从新书《美食、祈祷和恋爱》于2006年出版之后，作家伊丽莎白·吉尔伯特渐渐走入人们的视野。后来，又因为这本书被拍成同名电影，并且由大名鼎鼎的影后茱莉亚·罗伯茨主演，吉尔伯特的知名度也水涨船高，备受诸多读者朋友的关注和喜爱。但是与读者和观众们的反映截然相反的是，评论家们似乎并不认可这部小说。《纽约时报》曾经发表评论：“很多评论家都认为，主人公只是一个主张‘自助’、生活奢侈的自我主义者而已。”对于电影，很多影视评论家的批评则更加犀利。不过，吉尔伯特并不在乎别人是如何批评她的。在2010年的新书发布会上，她依然能够镇定自若，谈笑风生，甚至以《美食、祈祷和恋爱》掀起的惊涛骇浪进行自嘲呢！

有一次，在接受《纽约时报》的访问时，吉尔伯特以开玩笑的口吻说：“我就像丢手榴弹一样，把那本书丢给全世界。当然，我已经做好了准备，迎接全世界读者对此的评论。我想，我的书能够帮助人们的心灵打开一个缺口，使他们把若干年来对于生活中的强烈不满都统统发泄出来，接下来，他们就能安安稳稳地过日子啦。果然，我的愿望实现了。”

在第一个事例中，克林顿对于自己的健康状况非常重视，却依然能以身体的不适进行自嘲，可见其心理非常强大。在第二个事例中，作为一名作家，吉尔伯特当然希望自己的新书能够得到广泛的关注，且引起广泛的反响。遗憾的是，她并没有如愿以偿。对此，她坦然相对，以豁达的态度接受那些尖酸刻薄的批评，继续自己的写作生涯，精神可嘉。

每个人在生活中都会遇到不如意的时候，在这种情况下，与其为自己辩解，不如坦然接受自己的不完美，进行适度的自嘲，反而能够使你得到尊严。所谓人无完人，每个人都有缺点，我们不但要悦纳他人，更要悦纳自

已。一个人只有热爱自己，才能热爱生命，热爱整个世界。

宠辱不惊，镇定才是最有力的反驳

每当在生活中面对尴尬的时候，你选择怎么做？是马上感到如坐针毡，甚至迫不及待地逃离现场，还是继续留在那里，以淡定从容的表达找回自己的面子和尊严？相信聪明人一定会选择后者。所谓宠辱不惊，不管是面对人生的波澜，还是面对交谈中的惊涛骇浪，宠辱不惊都是最佳的选择。

很多人之所以在尴尬的时候就慌张得无法自处，主要是因为他们害怕伤害自己的面子。的确，有很多人都是面子至上主义者，甚至把面子看得比很多事情都重要得多。其实，面子真的有那么重要吗？生活是实实在在的，而从不是虚伪和虚荣的。如果你觉得自己的面子高于一切，那么你就会因此而失去更多的东西。在这种情况下，我们只有端正心态，不要过分注重面子，也不要过于苛求自己，才能做到镇定自若。所谓关心则乱，你面对尴尬的慌乱，就是因为过于关心面子而起。一旦迈过了心里的这个坎，我们的人生就会更加顺遂。我们必须记住，每个人的人生都是自己的，他人无权干涉。我们辛辛苦苦努力地活一辈子，也是为了自己，又何必在乎他人的看法和说法呢！凡事只要问心无愧就好，无须奢求得到所有人的认可与肯定。

今天晚上就是平安夜了，马蒂早早地就准备关门，他似乎闻到了妻子在后面的厨房里正在做苹果派，还有烤鸡的味道。马蒂是个双腿残疾的人，他的妻子玛丽是个瞎子。自从结婚的那一天开始到现在，他们已经一起度过了30年的光阴，感情一直非常深厚。也许是因为身体的残疾，他们比普通的夫妻更珍惜感情，在生活中相依为命，在事业上相互扶持，所以才有了现在这个钟表店。

正在马蒂准备关门时，突然有个穷凶极恶的男人走了进来。这个男人气势汹汹，一看就来者不善。此时，因为是平安夜的缘故，街道上已经不见什么人了，巡逻的警察也很久没有来过。马蒂很紧张，他生怕搞出什么动静来被妻子听到。一旦妻子惊声尖叫，也许事情马上就会发生转折，导致恶化。马蒂知道，自己根本不可能拿到柜台里的枪，尽管他每天都坐在那里，此时此刻，他却用轮椅把自己载到了门口的位置。如果不是准备关门，他现在马上就可以一枪在手，万事无忧。

马蒂紧张地看着那个男人，那个男人也恶狠狠地瞪着他。正当马蒂祈祷玛丽千万待在厨房里时，玛丽的声音突然响起："亲爱的，该吃饭了，还有顾客吗？"玛丽虽然视力不好，但是听觉极为灵敏，她已经听到屋子里有粗重的喘息声了。马蒂灵机一动，说："不，不是顾客，是我的一位老朋友，他受哥哥的委托顺便来看看我。""那太好了，马蒂。为什么不请他一起吃饭呢！我做了美味的烤鸡，还有沙拉，还有你最爱的苹果派。让他也尝尝我的手艺吧！"马蒂尽量用平静的声音问："朋友，我的妻子眼睛看不到。我想你可以留在这里吃完饭，咱们一起度过平安夜。然后，我再帮你修理一下你的手表，你再回去吧，好吗？"男人似乎有些不知所措，很久才轻轻地点点头。玛丽毫不知情，热情地招呼着远道而来的"客人"。吃完平安夜的大餐之后，这个穷凶极恶的男人看起来恢复了平静，他面色羞愧地向马蒂告辞，玛丽则再三热情地邀请："欢迎你再来啊，朋友！"男人把进店之后装在身上的几块贵重的金表都掏出来放在柜台上，对马蒂说："这表就放在你这里修吧，再见！"

在这个事例中，原本准备抢劫的男人，因为有不知情的玛丽的出现，与马蒂和玛丽夫妇一起度过了难忘的平安夜。原本对生活已经彻底绝望才铤而走险的他，突然间决定改邪归正，不但把怀里的那几块贵重的表留了下来，还对马蒂表示感谢才离开。也许，这个平安夜开启了他新的人生。

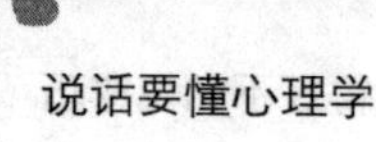

假如马蒂没有始终保持安静而惊动了玛丽，假如玛丽面对歹徒歇斯底里，那么事情的结局也许就会完全改变。从这个事例我们不难看出，任何情况下，保持镇定都是完全有必要的。因为一旦我们的情绪失控，或者恐惧，或者愤怒，我们的智商也会随之降低，导致凡事都无法朝着理智正面的方向发展。

打个不恰当的比方，人生就像战场一样，没有任何人能够预支未来。既然如此，我们只能保持淡定坚强的心，以不变应万变，应对人生中的诸多变数。古人云，兵来将挡，水来土掩，也正是告诉我们要保持镇定自若。

第11章

用心说话，才能如鱼得水成为职场达人

人在职场，身不由己，很多职场人士对此都深有感触。要想在职场上混出个样子来，不但需要我们有超强的专业技能和学术能力，更需要与同事和领导搞好关系，这样才能在职场上如鱼得水，游刃有余。那么，对于每天都要打交道的同事和领导，怎样才能把每句话都说得恰到好处呢？这可是比认真工作具有更大难度的问题，需要每个人用心对待。

场合不同，表达方式也大不相同

生活中，经常有人抱怨父母偏心疼爱其他的兄弟姐妹，唯独对自己不冷不热；经常有人抱怨上司总是对某个下属特别关照，即使那个下属犯了错误，也不会对其声色俱厉；还有的人抱怨丈夫从不宠爱呵护自己，彼此交流时生硬得就像是陌生人……我们只想要问，在你抱怨他人之前，是否反思过自己有哪些地方做得不够好。常言道，会说说得人笑，不会说说得人跳。即使是针对同一件事情，当表达方式不同，说出的话不同时，也会导致效果截然不同。诸如，有些人说起话来总是气冲冲的，似乎每个人都欠他钱没还一样，对于这样的人，别人自然也不会有好的态度相对；有些人说话则喜欢压着别人一头，其实口舌上的胜负输赢真的有那么重要吗？总而言之，我们与其抱怨没有得到他人公正的对待，不如更多地反思自身，是否做得足够好，说得足够好。

说话是要区分场合的。尤其是在职场上，很多话也许私下里可以和领导说，但是当着其他同事的面，就不能说。举个最简单的例子，如果你想给领导提意见，那么应该是在私下里与领导交流，还是当着很多其他同事的面毫不掩饰地说出来呢？聪明的人当然会选择后者。反之，如果你要说的是赞美的话，那么你是当着大家的面说，还是私底下说呢？当然是前者。这就是说话时的灵活机动，必须根据现实的情况来选择合适的场合，这样才能让听话的人感到高兴。

众所周知，刘罗锅在皇帝面前一直很得宠，而且相比起其他的大臣也与皇帝更加亲近，甚至不那么害怕皇帝。虽然如此，他在皇帝面前说话也是非常灵活机智的，只因为他的巧妙和用心，皇帝才更加宠爱他，器重他。

有一次，刘罗锅陪乾隆皇帝聊天。乾隆皇帝无限感慨地说："真是岁月不饶人啊，眼看着我就成了老头子啦！"刘罗锅看着皇帝满脸惆怅的模样，赶紧安慰皇帝："您可不老，您这可是正当年呢！"皇帝不置可否地笑了笑，说："怎么不老，我属马的，今年都45岁啦！你呢，你属什么的？"刘罗锅想了想，一本正经地说："回禀皇上，我是属驴的，今年也45岁了！"皇帝听了啼笑皆非，说："属驴？我活了这么大岁数，还没听说有谁是属驴的呢！你确定你属驴？刘罗锅笑了，毕恭毕敬地说："禀告皇上，刘罗锅生性卑贱，不敢和皇帝一个属相，因而只好属驴！"刘罗锅的话把皇帝逗得哈哈大笑，皇帝一边笑一边拍手喊道："你这个刘罗锅，可真是伶牙俐齿啊！"说完，皇帝脸上的郁郁寡欢全都烟消云散了。

在这个事例中，刘罗锅看到皇帝因为年华飞逝心生感慨，因而马上急中生智，以"属驴"为巧妙的回答，帮助皇帝恢复了好心情。如此一来，身兼国家重任，每日日理万机的皇帝，怎么可能不喜欢和器重刘罗锅呢！

所谓伴君如伴虎，其实人在职场也是同样的道理。面对领导，如果我们想要赢得领导的欢心，除了需要认真努力地工作以外，针对领导的不同状态说些迎合领导心意，帮助领导减轻压力的话也是非常重要的。记得曾经有人说，在和领导打交道时，说好一句话甚至比一整天努力工作都更加重要，这并非没有道理。

一个善于在领导面前说些入耳话的人，一定能够体察领导的心思，知道领导的忧愁，也从而更加有针对性地为领导排忧解难。当然，体察领导的内心实际上是一种天赋，因为有些人天生就很敏感，而有些人则显得非常愚钝，很难用心感悟他人的内心。既然如此，我们就应该客观分析自己的能

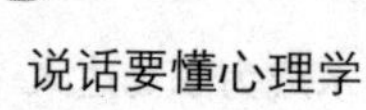

力，扬长避短，从而更有效地发挥说话的能力，帮助自己打开工作上的局面，让自己成为受欢迎的人。

需要注意的是，除了要说让领导欢喜的话之外，在传递坏消息时，我们也要特别注意。毋庸置疑，每个人都不希望听到坏消息，领导也是如此。那么在面对不得不说的坏消息时，最好采取委婉曲折的方式，给领导一个心理上的缓冲时间。否则，一旦你直截了当，毫不犹豫，那么就会给予领导心理上巨大的冲击，导致领导甚至因为一时之间心情郁闷而迁怒于你。诸如“我们似乎遇到了一些麻烦……”“领导，有些重要的事情必须由您做决定……”等说法，都是不错的选择。朋友们，你们准备好迎接艰巨的挑战了吗？

好时机，让说话效果不一般

和在生活中一样，职场上说话也需要讲究好时机。假如不能准确把握时机，把话说得不合时宜，就无法达到预期的目的，甚至导致事与愿违。人是感情的动物，不管是你的同事、下属还是上司，即便在面对工作时，也无法始终保持清醒和理智。他们因为私人原因或者工作上的压力，也难免会心情低落，郁郁寡欢。在这种情况下，如果你向他们传达或者汇报工作，往往难以得到他们积极的回应。与其这么低效率地工作，不如选择在他们精神状态好、注意力集中的时间沟通，反而事半功倍。

很多人在与他人交流时，只顾着自己一味地说，而根本没有注意到对方是不是在认真专注地听。最终，我们自己如同竹筒倒豆子一般说了个痛快，但是对方却根本没听到耳朵里，更别提走心了。在这种状态下，交流的效率无疑非常低下。除此之外，我们还需要注意，面对领导心情不好，最好躲

得远远的，除非你有能力像刘罗锅那样把乾隆皇帝逗笑，否则千万不要往枪口上撞。要想交流有效果，要想让自己的请示得到最好的回应，聪明的下属会选择在领导心情大好时汇报工作，这样即使得不到肯定的答复，也不会被批评，或者招致领导反感。由此可见，在职场上掌握说话的时机是非常重要的，对于我们工作的顺利展开以及职业生涯的发展，都有莫大的好处。

前段时间，夏利所在的学校添置了一个机房，为孩子进行计算机教育。这个机房是教育局统一调配资金给各个学校购买的计算机，因而，校长也很高兴学校的整个教学水平一下子提高了一大截。因为全校大多数都是老教师，对计算机可谓是一窍不通，因而校长特意安排夏利负责机房的相关工作，并且也让夏利负责给孩子们讲授计算机课程。

一段时间之后，天气越来越热了。夏利提议校长给机房装一个大功率的空调，因为一旦机房温度过高，那么多电脑主机无法散热，就很容易损害电脑主机。不过，校长却不以为然地说："你这家伙，我们连办公室都没有空调，你一定是想让自己的办公环境更好些吧！"夏利赶紧辩解："校长，您这可冤枉我了。电脑真的受不住热，不是我蒙您。"由于学校经费有限，校长到底没舍得花几千块钱安装空调，夏利只得作罢。

有一次，校长带着教导主任、夏利等到县里的一所实验小学参观。等参观到机房时，一股凉意扑面而来。夏利问负责引导他们参加的张老师："张老师，你们的机房真凉快啊！"张老师说："天气这么热，不凉快不行啊，电脑受不了！"夏利灵机一动，马上当着校长的面继续问："张老师，我想请教您一下，如果电脑过热，会有什么后果呢？"张老师面色严肃地说："如果电脑过热，就会停止工作。要是经常发生这样的情况，主机受损，电脑可就报废了。"夏利连连点头，趁热打铁地对校长说："校长您看，张老师可是计算机专家啊！"校长不好意思地连连点头，说："回去咱们就装空调，可不能把电脑热坏了。"

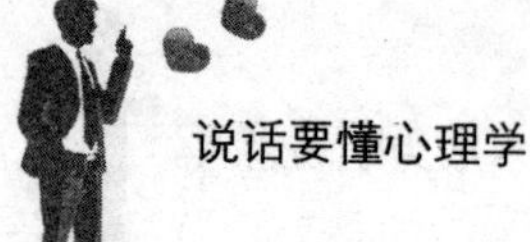

在这个事例中，夏利几次向校长提议，校长都因为舍不得经费而拒绝安装空调。借着去县里的实验小学参观的机会，夏利特意当着校长的面向精通电脑的张老师请教，让张老师亲口说出电脑不能过热的特性以及过热之后的严重后果，借此机会，夏利再趁热打铁提出请求，自然事半功倍。

人在职场，经常要与领导打交道。我们既不能强迫领导如何安排工作，就只能向领导提出建议。那么在提建议的时候，一定要注意把握最好的时机。只要掌握好时机，就能事半功倍。否则就算磨破嘴皮，也没有效果，反而还会招致领导反感，可谓得不偿失。

避开敏感话题，才能明哲保身

职场的关系看起来简单，似乎每个人都是同事，关系非常纯粹，但是实际上职场上的关系是很复杂的，必须用心处理。在职场上，对待下属并非很多人所想的那样颐指气使就行了，要知道，光杆司令是无法当好官的。对待同事，虽然大家都是平等的关系，但是常常因为利益的纠葛导致产生冲突，因而尤其是对有利益关系的同事，一定要谨言慎行。对待上司，则关系更为复杂。首先，我们作为下属要给予上司足够的尊重，还要服从上司的指令。在遇到与上司意见不同的情况时，既不能一味地听从上司的安排，失去自己的主见，也不能总是固执己见，不把上司的指令放在眼里。尤其是我们在职场上的升迁与顶头上司之间有着非常密切的关系，因而我们必须处理好与上司的关系，这样才能保证自己在升迁的道路上没有绊脚石，还会有一定的助力。由此可见，不管是对待下属、同事，还是对待上司，我们都必须谨言慎行，才能搞好人际关系。

很多场合都有敏感话题，在职场上，隐私就是不能触碰的敏感话题。偏

偏职场上总有些长舌妇、八卦王，他们最热衷的事情就是挖掘别人的隐私，传递关于别人的流言蜚语。实际上，在职场上说隐私是非常危险的行为，很多情况下无疑于惹火上身，堪称自寻死路。

即将大学毕业的莹莹，在爸爸朋友的帮助下，费了九牛二虎之力才进入这家行业的顶尖公司实习。莹莹很清楚，如果自己能在实习期结束后最终留下来，那么未来的前途一定不可限量。因而，她对待实习工作非常认真，堪称一丝不苟。眼看着半年的实习期还有一个多月就到期了，莹莹更加紧张起来。和她一起进入公司的另外九名实习生，也都铆足了劲好好表现。

周一的早晨，莹莹刚到公司，实习生小叶和欣欣就故弄玄虚地把莹莹叫到咖啡间。莹莹看到她俩神秘兮兮的样子，赶紧问发生什么事情了。小叶和欣欣你一言我一语，激动地把事情讲述了一遍。原来，小叶和欣欣周日逛街的时候，无意间发现同为实习生的娜娜正在和公司的一名年轻中层管理者逛街，而且看起来非常亲昵，绝非寻常关系。为此，她们当即想到娜娜肯定是为了留在公司，所以才刻意追求高管的。要知道，对于其他实习生而言，这样的裙带关系对于公平竞争是很有害的。为此，她们准备联名上告，揭穿娜娜的不良居心。

听到小叶和欣欣的讲述，莹莹不以为然地说："娜娜和上司一起逛街，或者恋爱，这都是她的私事吧，别人无权干涉。"听到莹莹的话，小叶和欣欣马上不高兴起来，小叶冷冷地问："那么，你是加入我们的队伍签名呢，还是放弃？"莹莹想了想，不好意思地拒绝："很抱歉，我也建议你们做好自己的工作吧，不要管那些无关的事情！"小叶和欣欣生气地走了，莹莹一如往常，做好自己的工作。几天之后，莹莹来到公司突然觉得气氛不对，这时，主管找到她问："前几天她们的联名上告，你参与了吗？"莹莹摇摇头，主管这才长嘘一口气，说道："幸好你没参加，所有联名上告的实习生都被提前结束实习期，公司是肯定不会聘用这样的人。"莹莹惊讶地问：

“这么严重？”主管点点头，说：“任何团队里，都不能允许‘窝里斗’的人存在，分散力量。一个团队要想做出成绩，必须万众一心，众志成城。好了，你就安心做好工作吧。”莹莹点点头，说：“我一直都是这么想的，不管别人怎么样，我只要做好自己的工作就是尽了本分。”

实习期结束，莹莹顺利地留在了公司，她很高兴，也非常珍惜这个工作的机会。

在这个事例中，如果那几个实习生没有同仇敌忾地干扰其他同事的私事，暴露了自私贪婪的本性，也许不会这么快就被淘汰。虽然很多公司都不允许员工彼此之间谈恋爱，但是私底下以同事的私事为借口，攻击同事，这本身就说明传递流言蜚语者自身也是有问题的。因而，明智的领导自然有所定夺。在情况复杂的职场上，我们也应该像莹莹一样，踏踏实实地做好自己的本职工作，才能给自己争取更大的立足空间。职场不是大妈们聊天的放肆场所，我们每个人都必须管好自己的嘴巴，谨言慎行。

也许有人会问，和同事相处总有闲聊的时候，如果不说八卦新闻，还能说些什么呢？其实，同事们在一起可以说的话题也有很多，诸如年纪相仿的年轻人可以聊聊人生和理想，可以畅想未来，也可以缅怀过去。再如，也可以谈一谈对于工作的理解。如果实在没什么可谈的，又喜欢聊八卦，那么也可以说说那些明星的趣闻逸事，毕竟他们作为公众人物，而且也与普通人没有交集，说说他们的花边新闻，对每个人都没有伤害。总而言之，职场生存一定要做到明哲保身。所谓祸从口出，只有管好自己的嘴巴，我们才能更好地谋求发展。

打破僵局，让沟通一畅到底

要想在职场上取得长远的发展，就一定要与上司搞好关系。否则，不管是正常工作，还是好不容易得到的晋升机会，上司都是完全有能力将其破坏掉的。因此，不管你的上司只是个小小的主管，还是能量很大的职场巨人，只要你在他的辖区之内，就都不要掉以轻心。

毋庸置疑，与上司搞好关系是至关重要的。当然，也许有人会说虽然我很想与上司搞好关系，但是因为能力有限，工作上总是出错怎么办？在这种情况下，首先要努力提升自己的工作能力，其次要尽量想办法与上司搞好关系。最不合时宜的做法就是和上司之间形成隔阂，而且出现僵局。作为一个下属，与上司冷战无疑是自寻死路的行为，我们必须主动打破僵局，与上司缓和关系，才可能让工作更加顺利，也让自己的职业生涯更加顺遂。

我们必须知道，任何关系一旦冰封久了，就会发生质的改变。诸如，夫妻之间虽然关系至亲至爱，但是如果长久地分隔两地，或者生气吵架之后迟迟没有和好，那么他们的感情就会逐渐变得淡漠，甚至最终支离破碎。所谓夫妻床头吵架床尾和，聪明的丈夫和妻子从来不会让矛盾过夜，更不会让辛苦经营的感情在无谓的争吵中渐渐消亡。每一种人际关系的存在都是需要漫长的时间去经营和维护的，还要付出真心、真诚和友善等美好的感情，因而作为下属，我们也不要让与上司之间原本和谐的关系付诸东流，打破僵局刻不容缓，你准备好了吗？

自从进入报社之后，小敏可算是领教了主编的厉害。虽然早在中文系就读时，她就曾听说很多主编都是“魔头”，对于下属总是不遗余力地管教等，但是她从未真正想过自己也会遇到这样一个女魔头。就像上一周吧，小敏几乎每天都要加班到深夜十二点，主编根本不给她喘息的机会，就像是在进行魔鬼训练营一样，不停地对小敏提出各种苛刻的要求。对此，小敏心

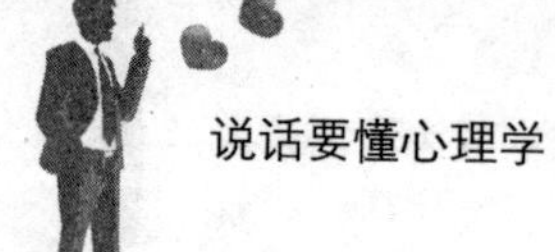

知肚明，自己遭遇了传说中的“魔头”。和小敏一样作为新进编辑的还有好几个刚毕业的大学生，有一天晚上，老编辑都已经下班了，他们几个正在奋力赶稿，不由得觉得枯燥，就聊了起来。南岸说：“真不知道主编为什么对咱们这么狠，简直太郁闷了！”小米说：“是啊，我都已经连续半个月凌晨才睡觉了，有的时候主编还给我安排清晨就要出发的采访任务！”小敏毫不客气地说：“我知道为什么。”看着大家惊奇的样子，小敏哈哈大笑起来，说：“因为我们遇到了传说中的‘女魔头’！”这时，小敏突然发现大家都没有笑，而是张大嘴巴瞠目结舌地看着门口的方向，她不由得转过身去看，却发现主编正站在门口侧耳倾听他们的聊天。

小敏突然间觉得脑袋懵了，她根本不知道应该作何反应，大家也都尴尬地看着主编和小敏。不过，主编若无其事地走过来，拎着满满一袋子肯德基的宵夜，说：“来吧，小家伙们，都来吃吧，最近你们辛苦了！”小敏食不知味，满心惊恐地看着上司。上司说：“你也吃啊，小敏，难道被女魔头吓住了吗？”小敏嗫嚅着，最终下定决心坦然相对，她说：“对不起啊，主编，我只是看到大家加班太辛苦了，所以想调节一下气氛，没想到您会这个时候过来。其实我知道您对我们从严要求是为了我们好，我真的不是故意的。”主编难得地笑了，说：“我当然知道你的心思，因为我在初入编辑行业时，也曾经这样说过我的主编啊！不过你说得也是对的，我的确是想锻炼你们。要知道，只有在开始吃足苦头，你们在未来的工作中才能觉得轻松，否则如果你们一入行就觉得轻而易举，将来有了艰巨的工作任务就无法胜任啦！”听到主编的解释，大家恍然大悟，狼吞虎咽地吃完宵夜，他们又精神百倍地投入到工作中去了。至于小敏，因为及时向主编解释，也博得了主编的谅解，反而主编还觉得她有口无心的个性很可爱呢！

在这个事例中，如果不是主编提起这个难堪的字眼“女魔头”，也许小敏会在心里忐忑很久，也不敢找主编解释清楚原因。幸好主编是个很豁达的

人，给了小敏机会当面解释，这样小敏心中的疙瘩解开了，也不会为此担心不已。主编呢，也恰巧借此机会说明自己的苦心，博得小编们的谅解，可谓一举两得。

人在职场，几乎每天都要与同事们进行交流，因而说错话也是在所难免的。不管是对于上司，还是对于普通的同事，一旦说错了话，我们就要及时给出解释，千万不要让原本不值一提的小问题持续发酵，导致事情最终闹得无法收拾。当觉得冷场时，或者不知道如何圆场时，不如坦然面对一切，真诚地说出自己的心里话，这样反而能够赢得他人的谅解。

抱怨于事无补，不如身体力行

生活中，有很多人总是怨声载道，觉得命运对自己根本不公平，甚至是在捉弄自己。工作中，这样的人也不在少数，他们自己工作能力有限，导致晋升无门，也得不到上司的表扬，却总是一味地抱怨，丝毫也没有想到既然抱怨于事无补，还浪费宝贵的时间，为何不把抱怨的时间用来努力呢？！这样，至少还有出现奇迹的可能。

对于上司而言，最害怕的就是下属的抱怨。他们更希望自己的每一个下属都是身体力行的践行者，因为他们发自内心地希望自己的下属是英雄，而不是狗熊。在这种情况下，如果当着上司不停地抱怨，只会给上司留下恶劣的印象，让上司对你失望至极。尤其是当工作上出现失误却一味抱怨，而不想办法去补救的员工，更是永远得不到上司的赏识和认可。

任何一个工作的单位，都是我们个人职业生涯发展的舞台。所谓心有多大，舞台就有多大，用在职场上也同样合适。如果我们的心像针尖一样，容不得任何批评和失败，那我们的舞台也就只有锥尖那么大。相反，如果我们心胸开阔，即便犯了错误也能以积极的态度及时补救，那么相信上司并不会因为我们一次错误就对我们失去希望，相反，明智的上司一定会从我们积极正向的态度中看到力量和希望。这样一来，我们的舞台如何不宽广呢？！

小王进入公司已经一年多了，渐渐从新人变成了老人。因而这次的大项目，老板特意委托给小王和小张完成。对此，小王觉得面上有光，毕竟有些同事想要负责大项目，还没机会呢！

虽然心里是很希望自己圆满完成任务，而且也的确非常卖力地去做了，但是项目在结束之前，突然出了一些小状况，导致公司利益受到了损失。面对这样的结局，小王懊悔不已，由于大部分责任都在小张身上，因而在向老板汇报工作时，小王简直喋喋不休。在说完正题之后，小王开始抱怨："马总，我真不明白您当初为什么要派小张和我一起完成项目呢！您不知道，小张简直是个绣花枕头，看起来也已经在公司工作两年多了，还是我的前辈呢，但是工作能力简直差得一塌糊涂。就说这次项目吧，要不是小张，我也许一个人反而完成得很好，也不会给公司造成这么大的损失了。总而言之，实在很抱歉，我想我以后再与小张合作的时候，一定要对他多多注意，千万不能让他再捅这么大的娄子了……"原本，老板对于小张和小王这次的工作表现还是比较满意的，毕竟凡事不能十全十美，而且他们还是刚刚开始接这么大的项目。实际上，在小王牢骚满腹之前，小张已经和老板汇报过了，并且把所有责任都归结于自己。现在，面对小王这样的态度，老板突然间对小王的印象变得很差，因而不耐烦地说："你不用洗清自己了，小张早就承担了所有的责任。既然你们俩是合作的关系，你就应该具有合作的意识，任何团体都是一荣俱荣，一损俱损的。你这样的态度，只怕小张以后也不愿意与你合作呢！记住，职场上不需要个人英雄主义，没有人能够脱离他人的合作和协助就取得成功！"小王被老板说得面红耳赤，只得灰溜溜地

走了。

在这个事例中，小张原本已经心怀坦荡地承担起所有的责任，小王却依然在老板面前不停地抱怨和推脱责任，如此一来，高下立见，明智的老板也从此认识了小张和小王的为人。最终，小王非但没有给自己脸上增添光彩，反而还被老板抢白了一顿，实在是得不偿失。

每个人的工作都会出错，除非是神仙才能永远都是对的。如果我们能够准确认清这个道理，那么在工作中出现错误的时候，就不会一味地抱怨和推脱责任，而是能够马上采取行动，弥补过错。尤其是在与他人合作时，现代职场从不流行个人英雄主义，任何人都需要依靠同事的帮助和通力协作，才能取得成果。既然如此，任何团队都是一荣俱荣，一损俱损，作为团队的一员，我们任何时候也不能诋毁其他团队成员，给聪明的听话者留下恶劣的印象。否则，就会事与愿违，非但无法得到他人的赏识，反而会遭到他人小看和鄙视。

提建议未必要义正词严

这个世界上从来没有绝对完美的人存在，因为每个人都会受到眼光的局限，导致在做决定时无法兼顾全面。在这种情况下，我们应该如何给他人提出正确合理的建议呢？有些心直口快的人，在提建议的时候丝毫不注意方式方法，非但义正词严，甚至还会声色俱厉。前文我们说过，批评也是要讲究艺术的，更何况是提建议呢！因而，我们必须调整自己的态度，才能顺利地把建议送出去。

换个角度来想，假如你提建议的时候就像争吵，就像是在与他人争辩，那么他人不但会觉得你的建议一无是处，甚至还会对你这个人产生抵触心

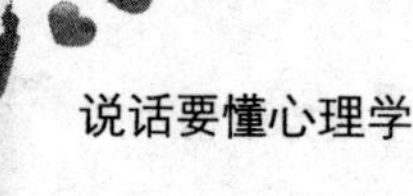

理，由此导致更加无法听进你的建议。如此一来，岂不是更加事与愿违么！因而，我们在提建议的时候，一定要首先注意方式方法。我们提建议的初衷，就是让对方接受我们的主张，如果态度恶劣，当然没有人愿意接受。反之，假如能够以请教的方式，先认可对方，给对方戴高帽子，让对方打心眼里觉得我们说的是出于好心，也是正确客观的，那么对方接受起来就会容易许多。

尤其是在面对上司的时候，假如以义正词严的方式提建议，上司原本高高在上，就会很难接受。也许有人会说，难道我们必须对上司低声下气吗？当然不是。上司只是在职位上比你更高，在人格上你们是完全平等的，所以谁也无须对谁低声下气。所谓提建议，并非大家所想象的那样自甘低人三分，而是一种谦逊好学的态度。人的本性总是好为人师，假如我们在向上司提建议时，能够把上司当成是我们的老师，对其怀着谦逊和尊重的态度，说话的方式也更加委婉巧妙，那么建议被成功接受的可能性就会大大增强。

这个周五，老板准备请所有员工聚餐一次。为此，大家从得知消息时就欢呼雀跃，恨不得周五马上到来。不过，也有些同事表示担心，因为聚餐的时间按照原计划定在八点开始，如此一来，有些家离得比较远的同事吃完饭再休闲娱乐，回家就要深夜了。对于很多女同事而言，未必安全。思来想去，听到大家私底下议论的助理决定找老板反馈一下，争取把吃饭时间提前到六点钟，这样结束的时间也会大大提前，不耽误任何同事安全回家。

中午休息结束后，助理来到老板办公室，笑着说："老板，有个事情我想和您请示一下。"老板说："什么事，说吧。"助理说："是这样的，咱们今晚不是要聚餐么，结束大概要十二点钟了。单位里有几个年轻的小姑娘还没有男朋友呢，所有也没人过来接她们。我想问问您，能否安排单位里的

几个年轻小伙子打车送她们平安回家，单位给报销下打车费。就仅限于那几个路远的小姑娘，路近的坐公交车就行了。”老板沉吟片刻，说：“的确，吃完饭比较晚了。但是如果小伙子喝多了酒，是不是也不太安全呢？”这时，助理趁热打铁，说：“要不，您觉得把时间提前一些怎么样？这样大家可能都比较方便，最重要的安全问题也能圆满解决。”老板想了想，说：“这倒是个好主意，也不在乎提前一会儿啦，你就告诉大家六点钟餐厅准时见吧，至于怎么去呢，时间还早，公交地铁都可以，或者溜达着去也行。这样回家的时候也方便，不会出现必须打车的情况，也比较安全。”“好的，老板，那我就按照您说的告诉他们了。”助理说，老板高兴地点点头。

这个事例中，提前聚餐的时间其实是助力请示老板的最终目的，不过他以迂回曲折的方式提出客观存在的问题，接着又以请教的方式询问老板觉得提前聚餐时间如何，最终得到老板的认可和批准，又说把老板的安排告诉大家。如此一来，老板会觉得这件事从始至终都是他明智的选择，一个人难道会反对自己吗？当然不会。所以，老板也就顺利地同意提前聚餐时间，而且让大家早些完成聚餐回家。这就是助理的高明之处。

人们对于他人提出的建议，心理上难免会有一些排斥和抗拒心理。在这种情况下，假如提出建议的人能够找准共同的出发点，与听话者之间达成某种共识，就会使彼此的心理接受程度更高一些。毋庸置疑，以请教的方式询问听话者，使其认可你的观点，自然他也就会觉得你的观点同样是他的观点，如此一来，推行就变得更容易。所以，“认同”不仅能够让人们彼此之间相互理解，也能够帮助我们成功地说服他人。尤其是在面对上司时，对于好的建议，不妨使其觉得是他提出来的，或者即使是不好的建议，你的请教也只会得到中肯的分析和评价，而不会遭到严厉批评。

聪明的下属在提出建议前，一定会非常尊重领导，请教领导。唯有如

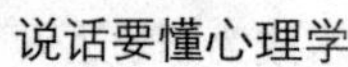

此，领导才能更加信任下属，也感受到下属发自内心的尊重。尤其是当我们的态度足够真诚时，领导也会相应地给出中肯的建议和评价，使我们与其之间的信任快速建立起来。如此一来，你还担心自己的建议得不到采纳吗？

第12章
把握客户心理，将心比心才能打动人心

对于很多做销售工作的朋友而言，客户既是我们的上帝，也是我们的“猎物”。无疑，销售工作是非常具有挑战性的，要想最终征服客户，并非我们所想象的那般容易。就像钓鱼一样，要想成为一个钓鱼高手，让鱼儿主动上钩，我们就必须学会像鱼儿一样去思考。同样的道理，要想成功征服客户，就必须站在客户的角度设想，这样我们才能得到客户的信任和认可，从而得到机会更好地为客户服务。

设身处地，才能为客户着想

一个成功的销售人员，除了要尽心竭力为客户服务之外，更要学会站在客户的角度思考问题。这样你不仅会是一个销售员，还是一个能够成功走进客户的心里，成为客户最信任和最愿意托付的人。这个世界上从事销售工作的人有千千万万，为什么有很多人穷其一生依然只是一个普普通通的销售人员，而有的人却能够成为销售员队伍的金字塔尖，成为用销售行业成就自己的成功人士呢？区别就在与是否用心。人们常说，凡事都怕用心，只要用心，就没有做不好的事情。这句话是非常有道理的。

从某种意义上来说，销售员和客户之间的关系处于对立的状态。这就像是一场拉锯战，销售员想把东西推销给客户，客户则不停地在挑毛病，找问题，似乎就是不想购买。或者即使想购买，也想就价格等因素，与销售员来一场硬仗。对于这样的关系，想要成功地把东西推销出去，让客户主动地、心甘情愿地购买，显然需要一些技巧和方法。其实，无论多少技巧和方法，都比不上真心真意地为客户着想，帮助客户排忧解难，满足客户的需求。

作为人际关系的双方，对于销售员的态度，客户是一定有所感知的。面对一个急功近利的销售员，客户往往很难接受，因为他总是觉得销售员做一切都是有所图谋的。对于一个一心一意为自己着想的销售员，客户则会给予他更多的信任和理解，也愿意把自己的所需托付给他解决。这样的销售工作最终带来的不仅是成就感和满足感，也可能是心理上的安慰和情感上的

满足。需要注意的是，想要了解客户，作为销售员，最重要的就是做好倾听的工作。对于原本完全陌生和一无所知的客户，如果不能静心聆听，显然就无法深入了解他们的需求，更不可能对他们有求必应。有些销售员一见到客户，总是迫不及待地想让客户接受他所推销的一切，包括对产品的介绍等，这未免太心急了一些。任何销售工作，都要从点点滴滴做起，才能给予客户最好的体验。即便客户对于你的很多观点持有不同的意见，你也应该先肯定客户的态度，然后再委婉地表达自己的意思。这是成熟的销售员经常采取的分歧处理法，效果非常好。

作为一名房地产经纪人，小马的销售产品就是诸多的二手房。众所周知，二手房的销售工作和新房不同，新房的户型只有几种，而且小区环境是统一的。但是二手房不但区域广泛，而且每套房子都有自己的特点，也有自己的故事。因而销售二手房显然比销售一手房难多了。最重要的是，销售二手房时还要面对广泛客户群体的不同需求。每天带着不同的客户去看房，有的时候小马也觉得很累。但是自始至终，他都坚持一个原则，那就是把客户的需求当成自己的需求。想一想吧，要是自己拿出几代人辛苦积攒的积蓄来买房，也是一定要再三比较和权衡，买一个性价比最高且最满意的吧！想到这里，小马又释然了。

一个周末，正是小马最忙的时候。他刚刚带着一对小夫妻看房，他们是要买婚房的，又开始带着一对老大爷老大妈看房。这对老大爷和老大妈已经七十多岁了，因为在城里住得厌倦了，所以想到近郊的地方选购一套二手房。虽然他们没有提出更多的需求，但是除了给他们选择低楼层的房子之外，小马带他们看的都是装修非常好的房子。在看一套一层带花园的房子时，小马对大爷大妈说："大爷大妈，这套房子我个人认为是比较适合你们的。你们看，这个房子是一层，满足了你们低楼层的需求。此外，这个房子虽然是一层，但是因为有半地下室，所以采光也比较好，最重要的是不会潮湿。还有一点，我觉得你们老两口年纪也比较大了，禁不起装修折腾，这套房子原本是一名演员的婚房，后来她就去外地发展了，所以这几年来基本没怎么住，保持得非常新，装修的异味也完全散尽了。最最重要的是，这套房子还带着一个小花园呢，你们可以在花园里种花，喝茶，最好再搭个葡萄架，颐养天年。等待孩子带着孙儿孙女来了，也有地方可以玩耍。”听了小马头头是道的分析，大爷大妈高兴地说：“小马，你真是贴心啊，比我儿子想得还周到。那家伙听说我们要在近郊买房，什么也不管，就让我们老两口坐着公交车来看。”小马似乎突然想起了什么，笑着说：“大爷大妈，这个小区门口就有公交车，你们以后要是想进城，不赶时间的话根本不用倒地铁，坐公交车多晃悠一会儿就到了。公交车的终点站就是地坛医院，以后看病什么的也很方便。当然，小毛病就不用去那么远了，小区步行十分钟就是社区诊所，头疼脑热都能看。”在小马的一番分析下，大爷大妈很快交了定金，决定购买这套各个方面都很合适的二手房。他们非常感激小马，还说等乔迁新居之后要请小马吃饭呢！

了解二手房的人都知道，销售二手房的难度是很大的。因为不但要使客户对房子满意，还要给房主做好维护工作，让房主愿意把房子卖给客户。这就像是给未婚男女当媒婆，必须双方都觉得满意，才能好事将近。否则，只要有一方觉得不满意，交易就无法真正达成。

在这个事例中，小马之所以能够成功地把这套二手房销售出去，就是因为他始终站在客户的角度考虑问题，甚至比儿子为父母选购房子更加用心。他不但考虑到客户大爷大妈不能爬高层楼的问题，还考虑到一楼的阴暗潮湿问题和大爷大妈没有精力装修的问题。对于老年人最关注的看病问题，他也未雨绸缪先想好了，不得不说，小马的销售工作之所以进展顺利，与他设身处地地为客户着想是分不开的。

当然，生活中还有很多类型的销售工作，归根结底，销售工作就是人的

工作。所谓销售，正是要搞定人，才能进展得更加顺利。任何人，都希望得到他人的理解和体谅，作为一名销售员，如果总是强迫客户接受他们不想要的，无疑会导致巨大的失败。只有急客户之所急，想客户之所想，真心真意地为客户解决问题，才能得到客户的信任和委托。

漫不经心地说出让客户感动的话

人是感情动物，尤其是情绪很容易反复无常，因而如果能够常常把话说到客户心坎里，让客户心花怒放，则是销售员通往成功的撒手锏。让一个听众在你的语言调动下喜笑颜开并非简单的事情，这远远不是阿谀奉承或者曲意逢迎就能做到的。首先，我们必须认真观察客户，从各个侧面了解客户的内心世界，这样才能做到投其所好，把话说到客户的心里。其次，我们还应该淡化刻意的痕迹，所谓任何一流的东西一旦变成刻意立马就会掉下一个档次，说话也是如此。我们只有以漫不经心的样子随口说出让客户心花怒放的话，他们才能更加信任和钦佩我们，从而避免客户因为被刻意讨好而对我们心生戒备，否则就得不偿失了。

在这个世界上，既没有无缘无故的爱，也没有无缘无故的恨。任何事情一旦细细追究起来，就会发现都是有前因后果的。对待客户也是如此，虽然客户是我们的衣食父母，但是如果无缘无故地过分热情或者讨好，客户一定会马上心生警惕，觉得我们一定是有所企图。这样一来，接下来的工作就会变得很难做。与其等到被动的时候再补救，不如防患于未然，在一开始的时候就努力避免，反而能够占据主动。

作为柯达公司的创始人，伊斯曼在美国可是大名鼎鼎。正是这位大名人捐出巨资，准备在罗彻斯特建造一座纪念馆、一座音乐宫殿和一座戏院，以

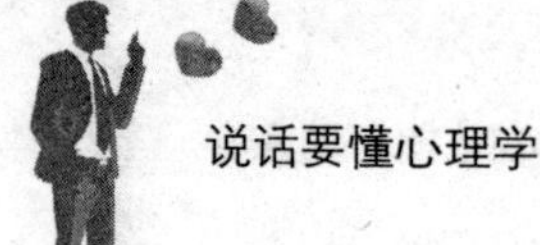

帮助当地的人们丰富业余文化生活。消息传播出去后，很多经营座椅的制造商都闻讯赶来，因为他们很清楚，如果能够为这三座公众场所提供座椅，那一定是笔很大的生意。遗憾的是，他们全都乘兴而来，败兴而归，根本没有入得伊斯曼的法眼。正是在这种情况下，有一家公司的经理亚当斯也闻讯赶来。在引荐亚当斯拜见伊斯曼之前，伊斯曼的助理好心提心亚当斯，让他一定要把会谈时间控制在五分钟之内，否则就会被伊斯曼下逐客令。亚当斯表示感谢之后，就胸有成竹地走进了伊斯曼的办公室。

进入办公室之后，看到伊斯曼正在埋头处理公务，亚当斯一直站在那里静静等待着。当然，他环顾亚当斯的办公室，丝毫也没有闲着。过了没多久，终于抬起头来的伊斯曼发现了亚当斯，因而问道："您好，请问有何贵干？"亚当斯笑着说："伊斯曼先生，我是一家座位生产商。刚才在等待您处理公务的间隙，我发现您室内的装修简直可称为精致的典范，尽管我几乎每天都要与木材打交道，但还是叹为观止。"亚当斯的话让伊斯曼的脸上浮现出笑容，他说："谢谢您的提醒，我几乎已经忘记了这间办公室的装修是我亲自设计和监工完成的。因为忙于工作，我已经很久没有好好打量我的作品了。"亚当斯走到屋角的一张茶几旁，说："这肯定不是意大利橡木，应该是英国橡木吧，这么漂亮的纹理只有英国橡木才有。"看到亚当斯如此火眼金睛，伊斯曼高兴地站起身来也走到茶几旁，说："的确，这个橡木当初是我特意托朋友从英国海运过来的。"伊斯曼心情似乎很好，甚至放下手里的工作，开始带着亚当斯参观他的办公室。此时此刻，当初装修时的各种用心和辛苦都在他的心里复活，他带着些许骄傲和自豪，向亚当斯介绍他室内每一件木器制品的由来。亚当斯面带微笑认真聆听，时不时地也会发表自己的真知灼见。后来，亚当斯还问起伊斯曼创业的艰苦，更加把伊斯曼带回到遥远的回忆中。不知不觉间，他们已经聊了好几个小时，丝毫没有觉得彼此陌生，而是熟悉得像老朋友一样。从头到尾，他们都没有谈到生意上的事

情，但是却相谈甚欢。

告别伊斯曼之后，亚当斯很快就收到了伊斯曼的通知，邀请他过去签订订购协议。最终，亚当斯不仅成为伊斯曼的座椅供应商，还与伊斯曼成为了交情深厚的朋友。

在这个事例中，亚当斯之所以能够成功打开伊斯曼的心扉，就是因为他以漫不经心的口吻，赞美了伊斯曼曾经费尽心思装修的办公室。毫无疑问，这间办公室是伊斯曼的得意之作，对于自己投入了大量心血、时间和精力的东西，伊斯曼当然不厌倦谈起。从而，他们之间谈兴渐浓，彼此相互爱慕和钦佩。最终，友情在他们之间产生，他们甚至觉得相见恨晚，又如何还需要谈及生意上的烦琐俗事呢！

一切销售工作的最高境界，亚当斯轻而易举地做到了。有些销售员偏偏喜欢谈论自己的产品，而丝毫不顾及客户的感受和需求，更不会想到要照顾客户的情绪。这样的销售，无异于瞎子摸象，给予客户带来极其糟糕的消费体验。真正的销售也是一门艺术，是能够让客户的心欢呼雀跃的艺术。当你圆满完成了销售工作，且赢得了客户的尊重和喜爱，你的销售工作才算真正地成功。

说服客户，你不得不知的秘密

作为一名销售人员，遭遇客户的拒绝无疑是一件令人尴尬和沮丧的事情。而作为一名成功的销售人员，理所当然必须具备说服客户的秘诀，否则销售就无法达成。众所周知，说服他人并非一件容易的事情，更何况这个人还是从某种意义上和我们处于对立关系之中的客户呢？这就要求我们必须更加了解客户的心理，从而做到知己知彼，百战不殆。

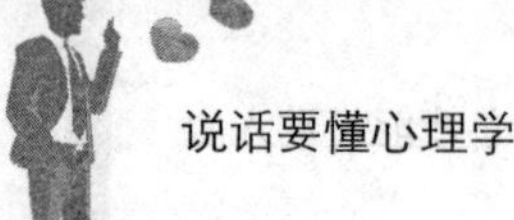

一辆飞速行驶的列车要想停下来是很困难的，必须经过漫长的刹车距离，才能慢慢减速，直到最终停下来。同样的道理，人说话也是有惯性的，虽然不像列车的惯性那么大，但是如果作为销售员，你能够引导客户不停地肯定你的建议或者提议，那么当你说出自己真正的欲求时，客户也很有可能继续表示认可和尊重。这看起来涉嫌利用了人的心理惯性，但是是很多销售人员都奉为法宝的销售金点。

我们可以先设想一下，如果你在正式开始推销自己的产品之前，先问客户几个问题。对于这几个问题，客户一直在不停地表示肯定，那么在随后的销售过程中，你会明显感觉到客户对你几乎从不排斥，而且在你推销产品的时候也会表示认可和肯定。与此恰恰相反，假如你在正式开始销售自己的产品之前，提问客户的都是需要客户做出否定回答的问题，那么在你切入正题之后，客户有可能依然陷入否定思维之中，即使对于产品的优点，也会有着诸多不满意。在这种情况下，客户对我们的心理认可度会逐渐降低，最终完全否认我们的工作，甚至排斥我们。这样一来，销售工作还怎么可能获得成功呢？由此可见，要想成功说服客户，我们首先应该让客户形成心理定式，即让他们不断肯定我们的提问，这样才能让他在心理定式的影响下接受产品，接受我们的推销。

作为一名汽车推销员，小王的销售业绩之所以能够连续几个月在店里排名第一，是有原因的。原来，小王在大学时期曾经主修过心理学，他很清楚要想让交易顺利达成，就必须让客户从回答第一个问题起，就不停地说“是”。

今天，小王接待了一个门店的客户。这个客户跟着小王看了店里所有的中级车款式，最终看中了一辆雪弗兰景程。这个车子看起来很大，而且也很能装门面，尤其适合于那些刚刚开公司的小老板，开出去不丢面子，坐进去也宽敞舒适。在给客户算完费用之后，小王开始对客户进行引导。

小王：“张总，我想您应该喜欢黑色的车吧？黑色比较庄重，符合您的身份地位。”

张总点点头，说：“嗯，我买车肯定买黑色的。”

小王：“张总您真有眼光，很多老板都选择我们这款车。不但开出去有面子，坐进去也比较宽敞舒适。您是需要偶尔用这个车接待客户吧？”

张总点点头：“对的，我生意上往来的伙伴，我们会一起出去吃饭喝酒唱歌什么的，打车当然不方便，肯定会选择开车。”

小王：“我们这款车车身长，轴间距也比较大。最主要的是，还带座椅加热，在天冷的情况下，坐着是一种享受啊！张总，您事业有成，选择这款车是非常明智的。张总，您百忙之中来看车，肯定是有备而来吧？”

张总笑了，说：“嗯，我的确有意向。”

小王：“您今天就能提车吧？”

张总：“嗯，是的，我确实也没有什么不满意的。”

就这样，张总马上拿出银行卡，交了购车款。

在这个事例中，小王正是运用心理定式，从第一个问题开始，就不给张总说“不”的机会。正是因为习惯了肯定，所以在小王问他是否提车时，张总依然是处于思维定式之中，毫不迟疑地拿出银行卡付款。不得不说，小王对于这个心理学技巧，运用得炉火纯青。

生活中，我们有很多情况下都可以运用心理定式的影响作用，让人们不停地说“是”，甚至根本想不到自己原来也是可以摇头否定的。实际上，只要我们肯用心，完全可以在他人提出异议之前，想办法堵住所有的漏洞和借口等。当然，前提是我们必须站在客户的角度思考问题，设身处地地考虑客户的需求和疑虑，从而才能未雨绸缪地解决客户有可能要提出的问题。这样的做法，帮助我们在与客户沟通的过程中占据主动，不停地引领客户一步一步朝前走，往往能够起到事半功倍的效果。

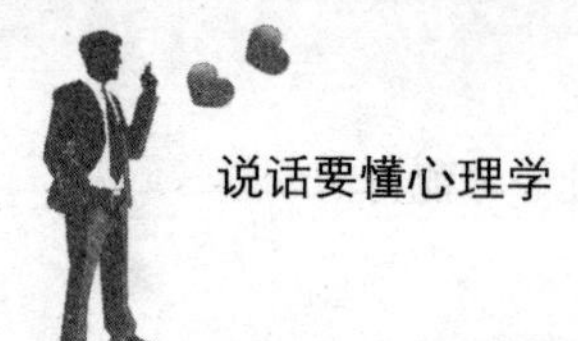

有一种说话方式能让人怦然心动

作为一名推销员，如果能够一开口就打动客户的心，无疑是一项非常厉害的技能。大多数推销员都有过这样的经历，他们在准备向客户介绍产品时，还没开口或者刚刚开口，就被无情地拒绝了。这样一来，他们根本没有机会继续推销产品，或者展示产品。看着自己被扼杀在摇篮状态的推销行为，他们就像茶壶里煮饺子一样什么也倒不出来，只能干着急。那么如果掌握了文中一开始说的办法，不管他们最终的推销结果如何，至少能够从容地发挥自己的口才，推销自己的产品，让事情更进一步。

那么，如何说话，才能让客户怦然心动呢？其实，要想打动人心，说话就要讲究技巧。通常情况下，人们都有很强烈的自我保护意识，很少有人会轻易相信那些初次见面的人，尤其是销售人员从本质上来说与客户是处于对立面的，因而客户在听销售人员进行推销时，总是更加小心防范，似乎生怕一不小心就中了销售人员的圈套。既然如此，作为销售人员，要想说话让客户怦然心动，首先应该赢得客户的信任。如果能够站在客户的角度思考问题，或者以一个不相干的问题作为切入点，展开交谈，都能很好地打开客户的心扉，走进客户的内心。其实，生活中有很多类似的事情都可以进行类比，只要用心，总能找到让客户不排斥也不抵触的类比物，给予客户更好的体验。

作为一名保险推销员，丁鹏从一个对保险一无所知的新人入行，到现在销售业绩位列公司前茅，其实经历了漫长而又艰辛的成长之路。

刚开始时，别说说服客户购买保险了，就算是丁鹏自己也觉得把那么多钱交给保险公司，却什么也得不到，若干年后才能看到收益，简直太不靠谱了。然而，自从有一次丁鹏的爸爸因为骑电动车摔倒，导致严重骨折，而恰恰丁鹏为其购买的意外险生效，帮助报销了很多医药费和住院费，丁鹏才打

心眼里开始接受和信任保险。

一天，丁鹏按照计划去拜访一位陌生客户。在以前，丁鹏根本不敢就这样拿着保险资料就去拜访陌生人，如今他是真的觉得给人们送去保险就是送去幸福，因而心底里也多了底气和信心。不想，没等丁鹏说几句，这个客户就毫不客气地说："你也别这么费劲地说了，我一天不知道打发走多少保险推销员。你并不是其中最优秀的，有些人说得头头是道，但我就是不想买。我可不想把那么多钱给保险公司无偿使用，还不如拿去炒股呢！"听了客户的话，丁鹏毫不懊恼，而是和颜悦色地说："您看看我手里的这杯水，如果现在让你掏出一块钱来购买，您愿意吗？"客户不知道丁鹏的用意，满头雾水地摇摇头，说："不！"丁鹏又问："假如现在突然断水，您也一天没有喝水了，我让您付出一百块钱购买这瓶水，您愿意吗？"客户依然摇头，说："说不定很快就会来水了呀！而且一天没喝水，也没那么恐怖。"丁鹏依然很有耐心地问："那么如果此时你置身于沙漠之中，而且口干舌燥，筋疲力尽，我想把这瓶水以一万块钱的价格卖给您，您愿意吗？"客户点了点头，说："愿意，命都快没了，我还要钱干什么！"丁鹏如释重负地笑了，说："保险就像是您平日里买的水，但是却能在您置身于沙漠时救您的身家性命啊！"客户也不由得笑起来，说："你这个人还真有点本事，我拒绝了那么多推销员，唯独你能用一杯水，就把道理说得深入浅出，而且让我还真的对保险有些心动呢！"说完，客户让丁鹏把保险资料留下来，说自己要先行了解一下，有需要会给丁鹏打电话的。

没过几天，丁鹏就接到了客户的电话，客户在电话里说："好吧，我可不想等到置身于沙漠时再花上身家性命来买水。反正我现在也不缺这一块钱，就先把你这瓶水定下来储备着吧！"就这样，丁鹏与客户顺利签约，还与客户成了很好的朋友。

曾经有人说，如果你能把保险的推销工作做好，那么你就能做好很多

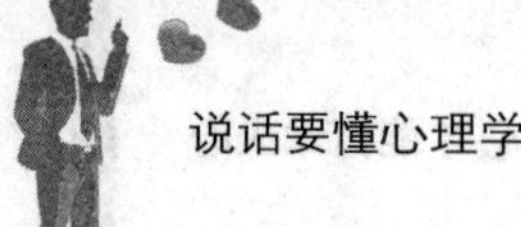

工作。由此可见，保险推销的难度之大。的确，保险既没有实际的物品，而且收益往往要到很多年以后才能看见，因而推销难度成倍数增长。同样都是推销员，卖化妆品的和卖保险的，可完全不在一个层级上。在上述事例中，丁鹏之所以能够顺利打开客户的心扉，赢得客户的信任，把话说到客户心里去，让客户对他代理的产品怦然心动，就是因为他使用了生活中随处可见且人人都离不开的水，进行了形象生动的说明。这样一来，客户既能够从自己每天对水的依赖，联想到自己未来也许会非常需要保险。所谓平时注入一滴水，难时拥有太平洋，必须未雨绸缪，才能防患于未然。

如果一个人非常戒备我们，我们最好的办法就是避开让他紧张的问题，转而谈一些没有利害关系的问题，帮助其舒缓情绪，使其能够平静对待我们的交流。在这种情况下，强硬说理，非要把自己的思想灌输到客户心里去，只会起到物极必反的效果，甚至招致客户的反感和厌恶，导致事与愿违。所谓条条大路通罗马，沟通也是如此。当一种表达方式无法起到预期的效果时，不如改变方式，用更加真诚的打比方的方法去打开客户的心扉，赢得客户的认可和尊重，最终让客户心甘情愿地主动与你达成交易。

互惠心理，助你以退为进

很多人在说话的时候都存在着一个误区，即觉得应该把每句话都压在别人的头顶上，这样才是胜者的所为。其实，人生中真的有那么多是非要争辩，有那么多胜负输赢要弄个一清二楚吗？很多时候，在交谈中过于咄咄逼人，非但无法起到良好的沟通目的，甚至有可能给他人留下恶劣的印象，导致他人对你也心怀不满，最终闹得不欢而散。

懂得变通的人知道，眼见到的前进未必是前进，眼见到的后退也未必就

是真的后退。在迫不得已的情况下，明智的人会“以退为进”，以让步作为征服他人的谋略，最终委婉曲折地达到自己的目的。也许有人会说这么做是软弱的表现，实际情况恰恰相反。这么做的人非但不软弱，而且有勇有谋，往往能够实现兵不血刃就让敌人缴械投降的目的，实在是大智慧。

从心理学的角度来说，这样的方法遵循的是互惠心理。所谓互惠心理，直白地说，就是别人对我们好，我们也相应地对别人好。反过来，如果我们想让别人对我们好，那么我们可以主动对别人好，这样才有可能得到别人好意的回报。很多销售人员在与客户打交道的时候，恨不得一下子就让客户成交，这样他们就能从中牟利。实际上，客户也是深谙销售人员心理的，他们当然能想得通销售人员以成交为目的获利，只是不想让这一切进行得太过急促，毕竟客户也会从自己的需求角度出发，来考量一笔交易是否值得进行。在这种情况下，与其对客户步步紧逼，不如给予客户一定的时间和空间去选择，最终让客户做出正确的衡量。当然，也可以给客户一定的好处，所谓吃人的嘴短，拿人的手软，这样客户最终才会给你适当的回报。

这种互惠心理，如果能够运用熟练，尤其是在谈判桌上，效果是非常显著的。

马波家的房子正在出售，最近有个买家看到了，正与他讨价还价。经过一段时间的电话沟通后，马波决定和客户见一面，这样也省得经常打电话进行拉锯战。马波的真实想法是，如果能够卖到185万元，他就出手，也可以抓紧时间买他需要的房子了。目前，马波的报价是190万元，客户的出价是180万元。马波在电话里同意188万元成交，客户却只想出182万元。看得出来，双方都不是非常痛快且做事情大刀阔斧的人。

在谈判桌上，双方价格依然坚挺，没有任何一方愿意让步。足足谈了一个小时，客户的价格才涨价到183万元，就再也不愿意往上加了。这时，马波佯装出去接了个电话，回来之后说：“这样吧，我看你们也是诚心想买

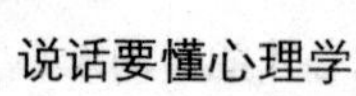

的。我刚刚给我老婆打了个电话，我们卖了房子其实是要去她家乡定居，现在她在家里也看上了一处房子。我们也算是要等着钱买房，我就一步到位，给你们让到185万元，如果你们觉得可以接受，咱们就签合同。如果你们还是觉得价格高，那我也就再等等合适的买家。对我而言，换房也就无所谓早几天或者晚几天了。”马波的这番话看起来非常绵软，实际上是绵里藏针，对买家下了最后通牒。因为担心谈了这么久马波临时变卦，买家很痛快地就接受了马波的价格，接下来的签约过程也进展得很顺利。

马波之所以能够顺利卖出房子，让客户接受他185万元的心理价位，就是因为他采用了互惠心理的策略。他刚开始时并没有把价格让得太低，在客户做出松动之后，他特意一下子降价3万元，这样一来，客户也不好意思一万一万地往上加了，只好也痛快地签订合同。由此一来，整个买卖都进行得非常顺利，客户和马波对于185万元的价格也都能发自内心地接受。

作为一种心理诱导法，以退为进的效果是非常好的。因为大多数人都有互惠心理，在他人做出退让之后，他们作为一种回报，也很想对他人做出让步。由此一来，双方的让步必然促使交易的达成，远远比针锋相对的砍价来得让人愉快。

大多数情况下，人们都对于推销员的话心存疑虑，觉得他们难免夸大其词。因而，在面对客户时，作为推销员，不如反其道而行，可以先站在客户的立场挑剔产品的一些毛病，赢得客户的信任，然后再以转折的语气说出产品值得鉴赏的地方，让客户能够发自内心地接受。这也算是以退为进的一种销售方法，作为推销员，可以认真琢磨，将其用在说服客户的过程中，一定效果显著，事半功倍。

变则通，今天你变了吗

销售工作的挑战性，就在于它的百般变化。和很多普通工作的千篇一律相比，从事销售工作的人每天都要面对不同的顾客，面对瞬息万变的销售状况，也要面对自己的诸多变化。有的时候，作为销售人员，所负责的商品也是不断改变的。因而，要想成为一名优秀的销售人员，不懂得变通几乎无法胜任这份工作，更别说把工作做得非常完满了。

所谓变则通，这句话已经流传了数百年，从而可以看出人类在数百年前就意识到变通的重要作用。那么，今天，你变了吗？要想变通，我们首先要调整自己的心态。现代社会，万事万物都处于变通之中，我们只有与时俱进，才能保持常变常新。只有思路通了，我们才能更加得心应手地变通，否则一切都是空谈。

作为广告公司的推销员，斯通先生最近正在负责的项目需要联合几十家商场进行一项大规模的活动。为此，斯通先生找到了一家专门经营家具生意的商场经理，想要邀请他们也一起参加广告公司的活动。不过在听到斯通讲解活动的细节之后，商场经理马上表示拒绝，说：“我们没有时间进行诸如此类的活动，必须抓紧时间提高销量，否则都会被老板批评的。”对此，斯通只得暂时作罢，但是他锲而不舍地说：“那么，我作为一名普通顾客，可以参观您的家具卖场吗？”对此，商场经理不置可否。

在看到一款进口的床垫时候，斯通问附近的导购员：“这款床垫的销量如何？”导购员笑着说：“这款床垫质量特别好，但因为是进口的，而且售价偏高，所以销量并不高。如果您是购买给自己使用的，我保证您买了之后绝对不会后悔的。”听了导购员的话，斯通找到商场经理，问：“如果我能想出办法提高你们这款床垫的销量，您可以考虑加入我们的活动吗？当然，不管您是否考虑加入我们，我都会把自己的点子贡献给你们的。”听说斯通

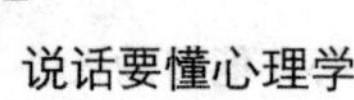

能提高床垫的销量，商场经理有些不相信。斯通胸有成竹地说："人们之所以不愿意花费更多的钱购买这款床垫，就是因为不了解它的质量。如果您愿意拿出一张床垫来做宣传，将其摆放在电梯入口，并且承诺不管是谁，只要踩断一根弹簧，就免费赠送一张床。我想，大家一定会蜂拥而至来检验这款床垫的质量的。"商场经理听了之后很惊奇，因为这的确是个好主意。他马上把这件事情布置下去，果然床垫的销量在几天之内就得到了提高。为此，商场经理主动联系斯通，说要加入斯通的广告活动。由此一来，斯通的目的也就达成了。

在被客户拒绝时，千万不要一味地以强硬的态度试图说服客户，因为这样非但于事无补，反而会让客户因为厌恶你的推销方式，而彻底地拒绝你和你的产品。像斯通这样，面对商场经理的拒绝，非但不觉得恼火或者沮丧，反而力所能及地给商场经理想办法提高床垫销量，可谓是帮助商场经理解决了一个大难题。对于这样迂回曲折的方式，不得不说结局是皆大欢喜的。

任何人在工作中，即使不是推销工作，也应该把自己的脑子变得活络一些。现代社会，凡事都处于瞬息万变之中，生活也像是逆水行舟，不进则退。因而，我们必须想办法变通，因为只有变才能通，不要因为墨守成规而错失进步的机会哦！

很多去过泰山的人都会发现，那些肩挑背扛的登山夫，为了节省力气，很少在陡峭的台阶上走直线。他们总是呈现"之"字形地走。也许有人说这样会导致路程增加，但是比起走直线无法坚持走下去而言，多走一些弯路在某些情况下并非不可接受，反而是节省力气、提高效率之举。我们也应该像登山夫学习，偶尔的迂回曲折，是为了更好地前进。

第13章
“攻心”为上，成功“攻心”才能让谈判如愿以偿

在职场上，为了达成一致，很多情况下都需要谈判，这样才能针对很多合作的条件进行细致的磋商，最终达到双方都觉得合理和满意的程度，这样合作才能正式达成。所谓谈判，顾名思义都是为了争取好的结果。从某种意义上说，谈判是一种心理上的博弈，语言则是作为工具的形式出现。因此，只有把话说得恰到好处，打动人心，才能促使谈判顺利达成。

谈判有很多方式，最合适的才最好

谈判，并不像我们所想的那样是固定的、一成不变的方式。谈判既有直截了当的方式，也有迂回曲折的方式，甚至很多情况下还需要使用攻心术，或者以退为进，或者故弄玄虚，都是要根据情况灵活使用的。一个真正的谈判高手，不会拘泥于任何一种谈判形式，这是因为谈判的形式总是瞬息万变的，谈判对象的心态也处于不停的变化之中。

很多谈判在刚开始时，气氛都是非常凝重的，这其实也是一种对于气氛的渲染，能够让对方因此而更加重视谈判，态度也更加严肃认真。不过，这也要根据实际情况来，如果需要宽松活泼的气氛，就应该适当调节气氛，让氛围变得轻松愉悦，这样与谈判对象的交谈也才能进展得更加顺利。

今天，以马瑞为首的谈判小组，要与客户公司派来的谈判小组进行谈判。为此，马瑞进行了很长时间的准备，因为他知道这个项目对于公司意义非凡。

马瑞邀请公司里专门负责计算机维护的专业人员，为他精心制作了很多幻灯片，因为还有特意聘请的美工师傅的加入，所以这些幻灯片的效果非常之好，看起来就像好莱坞大片一样。当客户方代表都走进会议室落座之后，马瑞主持双方进行了简单的介绍，接下来就开始播放幻灯片。一张又一张，这些幻灯片针对客户进行了轮番轰炸，让客户简直应接不暇。不承想，客户丝毫没有惊艳的表情，只是非常淡定自若地坐在那里。看到这样的情况，马瑞有些意外。等到幻灯片播放完之后，马瑞迫不及待地问客户："现在，贵方对于我们的产品应该有了一定

的了解了吧？”不想，客户代表淡定地摇摇头，说：“还没有了解，我们看不懂你的幻灯片。”马瑞觉得非常沮丧，经过精心制作的幻灯片居然看不懂，他未免有些沉不住气了。他又问：“那么其他人呢？”其他客户代表也同样淡定地说：“也没看懂。”马瑞有些气结，问：“那么，你们接下来想得到怎样的交流？”客户方代表气定神闲地说：“接下来，我们只需要一些简单的彩页，再配合你们亲口的介绍，这样会对产品了解得更加深入。所谓谈判，肯定要互动，如果遇到不懂的地方，我们也许会当时就提出疑问，这样对于你们的解答也是很有好处的。”无奈之下，马瑞只好安排专业的技术人员，针对产品进行详细的介绍。如此一番折腾下来，他原本准备的华而不实的开场白，已经彻底被大家抛之脑后了，而他的气焰也被客户方代表的“愚钝”打压下去很多。等到了解完产品真正开始谈判时，出师不利的马瑞已经丝毫没有信心和耐心，只想着尽快结束这场谈判。就这样，“愚钝”的客户方代表轻而易举就达到了己方的目的，使得谈判圆满结束。

在这个事例中，马瑞原本耍了小聪明，想以花费大成本制作的幻灯片给客户来个下马威，让他们瞬间对产品产生敬畏的感觉，这样也就不好再继续费尽心思地挑毛病或者打压价格了。不想，面对马瑞精心准备的“大片”，客户丝毫不感冒，最终还折腾得马瑞找来专业的技术人员进行现场介绍。古人云，一鼓作气，再而衰，三而竭。对于客户的折腾，马瑞的信心和耐心渐渐消耗殆尽，最后反而被装傻充愣的客户占据先机，赢得了谈判的主动权。由此可见，谈判场上我们一定要眼观六路，耳听八方，这样才能随时掌握瞬息万变的情况，在谈判之中占据主动。

毫无疑问，在谈判场上，有勇无谋的人是不可能占据主动的，唯有有勇有谋且能随机应变，才能灵活地应付谈判场上瞬息万变的情况，从而及时做出思路的调整，也让自己的语言更加机智。从本质上来说，谈判就是一场心理战。我们必须了解对方的谈判思路，才能做到兵来将挡，水来土掩，真正

地从各个方面击垮对方的心理防线，从而使己方的要求顺利得到满足。

适当让步，才能以攻为守

谈判双方的目的，当然都是从谈判中获得更大的利益，这也就决定了谈判双方在利益面前是完全对立的关系。那么，我们要为此与谈判对象水火不容吗？当然不是。所谓友谊第一，比赛第二，谈判也是如此。不管谈判进行得多么针锋相对，那都是在谈判桌上的短兵相接，不能改变谈判双方之间理应友好的关系。当然，也不排斥有些谈判双方过于针锋相对，最终闹得反目成仇，不欢而散。不得不说这样的行为有些幼稚，就像是孩子们在一起为了争夺一个玩具打了起来，最终把玩具弄坏了，结果谁也得不到玩具。当谈判最终因为反目而彻底失败，结果也必然是两败俱伤，和皆大欢喜的结局相比，当然是让人遗憾的。

尤其是在商务谈判中，如果立足长远的合作和发展，那么根本没有绝对的胜利者可言。这就像是商家的商品之于消费者，如果有过一次以次充好，让消费者感到不满意，那么就会彻底失去这位消费者。看似赚了便宜，实际上是一锤子买卖，根本没有得到长远的利益，反而吃亏了。对于谈判对象也是如此，如果一方在谈判中据理力争，不愿意做出丝毫让步，逼迫得对方对交易失去兴趣，或者被压榨得没有任何利润空间，哪怕这一次因为抹不开面子最终达成合作，最终也会放弃合作。由此一来，谈判中获胜一方极端的利润空间还从何实现呢！因而，聪明的谈判者从来不会在谈判中得寸进尺，为了谋求长远的合作，他们不会过分挤压对方的利润空间，所谓只有长远的利益才能拥有长久的合作。明白这个道理，谈判的分寸才能把握得恰到好处。正是基于这样的心理，那些想要拥有长期合作伙伴的谈判者，甚至会在谈判

中主动让步，以微小的利润损失，得到长远的有利合作，可谓立足高远，让人钦佩。以这种方式在谈判中达成合作意向，还能够使双方皆大欢喜，在未来的合作中也必然关系融洽，合作愉快，可谓一举数得。

作为公司的首席谈判代表，大成已经成为公司内尽人皆知的铁嘴钢牙，不过让人感到惊讶的是，虽然大成以言辞犀利见长，但是经过他谈判达成的合作项目后期总是进展顺利，尤其是双方的关系，从未因为谈判变得僵化和尴尬，而是非常和谐融洽。

原来，大成谈判有个特点，那就是虽然他谈判前期面色严肃凝重，给对方造成很大的压力，但是一旦等到谈判进入白热化阶段，他又会在关键时刻表现出友善的一面，常常主动给陷入僵局的客户方让步，由此一来不但激活了谈判，也让客户方对他非常感激，因而也心甘情愿地做出相应的让步，从而皆大欢喜。

这一天，大成代表公司和一个很大的代加工工厂进行谈判。这个代加工工厂的生产质量是非常好的，而且生产线也是最先进的，生产出的电子元器件完全符合国际标准。为此，大成在谈判之前就知道高层的意向是达成合作，而且要长期合作，因而心中有底了。在谈判刚刚开始时，大成死死坚持所谓的原则，拒绝做出让步。在对方接连退让两次的情况下，与他们所谓的老板下的死命令还有一定的距离。这时，对方的确很为难，因为他们如果一让到底就会毫无利润可言，那么合作又有什么意义呢！看到大成这边如此坚挺，他们不免有些沮丧，想要结束谈判。这时，大成能够看出来对方还是很愿意达成合作的，于是装模作样地说：“这样吧，我看你们的确是很有诚意的，我也相信你们有能力做到质量第一。我就冒着被老板批评的风险去打电话请示一下老板，看看他这边能否同意给你们让出一部分利润。”听到大成的话，客户就像抓住了救命稻草一样，接连表示感谢。因为作为公司的谈判代表，客户方的谈判团队并不想无功而返。

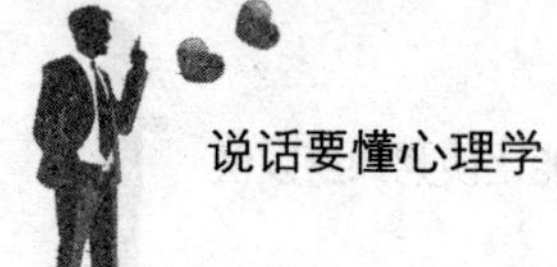

就这样，等到大成拿着电话在客户代表憧憬的目光中走进会议室时，大成几乎已经胜券在握了。他装作惋惜的样子说：“我几乎磨破了嘴皮子，老板终于答应让出两个百分点给你们，但是这样与你们理想的价位还是差一个百分点，我真的无能为力了。要是金额少，我宁愿自掏腰包垫上，也不想让咱们的辛苦白费。我不知道你们还能否做出让步？”客户方代表经过商议，一致决定以大成争取到的利润签约，不过他们希望大成能够尽量多多安排订单给他们，这样至少能够让量多弥补较低的利润点。这当然也是大成所希望的。就这样，客户方最终以让大成所在公司满意的条件签约，还对大成非常感激，后续的合作当然会特别顺利啦！

在谈判的过程中，大成简直把互惠心理运用到了极致，不但给公司争取到满意的合作条件，也帮助自己树立了在合作加工厂心目中的形象。如此一来，可谓一举数得。最重要的是，后续的合作也将会进展得愉快而又顺利。

人是感情的动物，即使是在残酷无情的谈判桌上，如果能够打好感情这张牌，也可以让谈判进展得更加顺利。当我们主动给予对方一定的让步，对方就会从心理上也相应地给我们做出让步，这是人之常情。尽管以激烈的形式进行谈判也许也能获得成功，但是最终却会导致双方感情破裂，在未来的合作中也很难变得和谐融洽。既然可以选择更好的方式让谈判的结局更加完美，为何还要舍本求末呢！不管面对任何谈判对手，我们都应该更加友善，也可以适当做出让步，尤其是将其作为最后的撒手锏使用时，不但能够再次赢得客户的退让，也能够加深彼此之前的感情，让后续工作进展得更加顺利！

顺势而变，及时改变谈判策略

谈判并不仅限于会议室内正襟危坐的那群人，在生活中，谈判也是无处

不在的。曾经有人说，生活从本质上来说就是一系列永无休止的谈判，这句话不无道理。大多数情况下，人们所说的谈判指的都是正式场合的谈判，诸如商务谈判。现代社会处于市场经济时代，商品极大丰富，各行各业发展都很快，这也使得行业之间、公司之间的合作更加广泛和密切。在这种情况下，谈判几乎已经成为家常便饭，大大小小的谈判充斥着每个职场人士的生活。如果不能够掌握谈判的技巧，使谈判无法顺利进行下去，工作也会受到很大的影响。

那么，在情势瞬息万变的谈判桌上，如何才能获得成功呢？首先，我们应该学会顺势而变，根据谈判情况的改变及时改变谈判策略。那些墨守成规的人，在谈判桌上是很难取得成功的，因为他们总是过于坚持，导致不能顺势而为。其次，谈判还需要良好的心理素质。有的时候，谈判对手会使用心理战术，对于心理脆弱的人，难免会因此中了谈判对手的计谋，导致心慌意乱，也会乱了阵脚，使得谈判无法继续进行下去。总而言之，谈判就是改变，随着每一句话甚至是每一个表情的推进，谈判的形势都在改变，因而我们的策略也应该不停地改变。唯有变，才能以千变万化应付谈判。

在费城，华科公司承包了一项建筑工程。因为工期紧张，所以全公司的人都在不遗余力地赶工，力争能够按期完成项目。起初，项目进行得非常顺利，就在即将完工时，负责为项目外部装饰提供材料的经理突然说他们供货紧张，必须延期。得到这个消息，华科公司的负责人非常着急，因为一旦为此项目交付日期延迟，他必须承受巨额的损失和罚金，最重要的是公司的信誉也会受到严重影响。

为此，华科公司的负责人马上派高武先生去纽约，亲自与那个经理进行洽谈。在走进经理办公室的那一刻，高武高声说道：“嗨，老兄，你知道在整个地区，你的姓名都是最独特的吗？再也没有人能够与你拥有相同的姓氏啦！”经理从文件中抬起头，惊讶地说：“真的吗？我从来不知道这件事情。”高武继续高谈阔论：“今天早晨我一下火车就找到一本电话簿，我不知道你的住

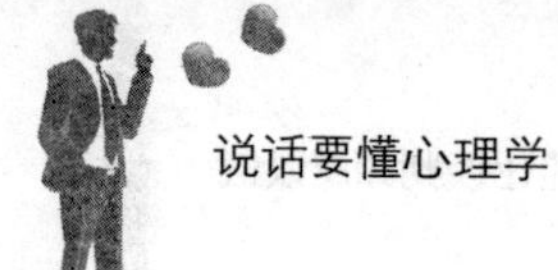

处，必须通过电话簿查找。结果，我惊讶地发现在这个地区，只有你一个人拥有这个独一无二的姓名，你可太幸运啦！”经理的语气突然充满自豪，他当即拿起办公桌上的电话簿翻阅起来，边看边说：“当然，我的姓氏可不寻常。早在二百多年前，我的祖先就从荷兰不远千里，来到纽约。他们可真是太伟大了！”接下来，经理开始滔滔不绝讲述祖先的英雄事迹，骄傲之情溢于言表。

等到经理好不容易停止对祖先的颂扬，高武又开始恭维经理的公司看起来很气派，而且是他曾经见识过的公司里最好的。尤其是在卫生方面，高武毫不吝啬地说：“很多公司，尤其是涉及加工和生产产业的公司，看起来都乱糟糟的，但是你的公司完全不同，这么清洁，秩序井然，给人的感觉好极了。”听到高武的恭维，经理更是马上放下手里的工作，居然亲自带着高武参观起来。兴致勃勃的经理，还主动邀请高武一起吃午餐。等到午餐之后，经理不等高武说什么，就给出了让高武万分满意的答案：“你放心吧，就算其他订单延迟，我也是如期给你们交货的。很高兴认识你，也很感谢你陪我度过了一个愉快的上午。”就这样，高武几乎没费吹灰之力，就得到了满意的回复，现在他可以高高兴兴地回去向老板交差啦！

原本高武是作为公司代表，去找供货商的经理谈判的。因为一个意外的发现，他及时改变策略，从经理独特的姓氏入手，开始不断地夸奖和恭维经理。不得不说，这也是一种特殊的谈判方式，尽管不是在谈判桌上，但是却取得了良好的谈判效果。最终，无须高武开口说出自己的请求，经理就主动承诺一定会如期交付产品，让事情有了一个圆满的结局。

谈判就是如此，只要能够达到预期的目的，根本无须拘泥于固定的形式，或者非要采取某一种策略。在上述事例中，高武之所以能够轻而易举地达到目的，就是赞美和恭维。生活中，我们即使无须代表公司进行商务谈判，其实也经常需要谈判。诸如说服孩子做某件事情，说服丈夫同意你的某个家庭计划，这都是一种形式的谈判。当我们掌握了谈判的精髓，就能够轻

而易举地说服他人，也会给我们的生活带来极大的便利。退一步而言，就算谈判最终并没有使我们如愿以偿，灵活机动的方式也会使我们与他人的交流更加和谐愉快。

放低姿态，抬高他人也是一种策略

在谈判的过程中，居高临下地压迫别人，给别人形成一定的心理压力，无疑是一种行之有效的谈判方法。然而，有些谈判对象并不一定适合这样的谈判方法，因而也应该及时调整思路，或者反其道而行之，说不定会有意外的收获。诸如，可以放低姿态，在谈判的过程中可以抬高他人，这样得到尊重且受到敬仰的谈判对象，也许就会因此而不好意思继续斤斤计较，从而使得谈判进展顺利。

熟悉身体语言的人都知道，双臂环抱意味着拒绝和抗拒，摊开双手掌心向上，意味着诚恳和开诚布公。同样的，很多时候微妙的语言表达也能释放交流的信号，当你在谈判的过程中放低姿态时，对方就会感觉到你的宽容、接纳，从而消除戒备，更加发自内心地接受你。谈判并非永远都是针锋相对才能出现好的结果，人的本性总是同情弱者，如果能够放低姿态，适当示弱，也许反而会有更好的效果。

最近，小张正在负责一个广告策划案，是为一个大客户做的。这个项目如果做得好，未来也许还能有很多的合作机会。为此，小张兢兢业业，每天都花费很长的时间查阅资料，不断改进和完善。眼看着到了交作业的日子，小张早早赶到单位，甚至还写了一个开场白，准备等到客户公司来人的时候好好表现。

显而易见，客户公司也是非常重视这次合作的，因而派出了公司的两名高管、两名中层管理者还有两名专业的技术人员。小张很清楚，这些都是业

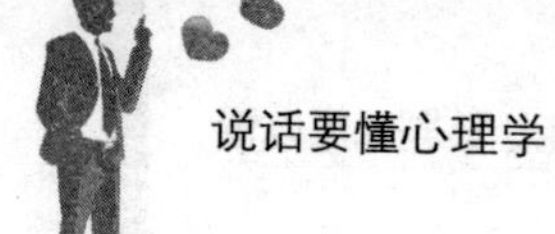

内大名鼎鼎的人物，过的桥都比他走的路多。因而，他临时改变注意，不再按照自己之前精心准备的高大上的模式进行，而是采取低调谦和的态度，老实本分地说：“坦白说，今天能够站在这里向诸位前辈展示我的设计成果，我是万分荣幸和非常紧张的。今天早晨我五点醒来就再也难以入眠，因为对我这样一个后生晚辈来说，很少有机会在同一时间内见到如此多的前辈和老师。因而我甚至准备了一份演讲稿，想要作为开场白奉献给大家。但是一看到各位前辈和老师真的就坐在我面前，我觉得我还是不要充大尾巴狼，还是踏踏实实地说比较好。所谓丑媳妇总要见公婆，我能够承接这次的项目，完全是公司领导的厚爱，也离不开在座几位的信任。我恳请大家，对于我千万不要手下留情，毕竟我的点滴成长都需要前辈的指点和教诲。我真诚地恳求各位前辈和老师给我提出宝贵的意见，我一定虚心接受，认真改正……”

在这样的一番开场白之后，相信客户公司的代表，同时也是行业翘楚的精英人物，他们一定对小张有了更为宽容和友好的态度。最终，虽然小张展示的设计方案并不能让人觉得满意，但是他们依然给出了诚恳的建议，最终经过几次三番的修改，在方案达到他们的满意之后，他们上报公司与小张签订合约，顺利达成了合作。

在这个事例中，小张原本很难得到这些“重量级”人物的肯定和认可。但是因为他谦和的态度和卑微的姿态，使得这几位大人物也不好意思对他斤斤计较，更不好刻意为难他，所以就给予了他更加宽容的态度和包容的心态，甚至还耐心地指导他完善设计方案，直到其渐渐趋于完美。如此一来，小张不但顺利签约大项目，而且还得到了大师的真传，可谓收获满满。

在这样的谈判之中，能够主动示弱其实是明智之举，尤其是当意识到以自己的实力根本无法与对方抗衡时，示弱就显得更加至关重要。很多人都知道以退为进的战略，把这个战略用在谈判之中，也往往能起到良好的效果。如果说谈判就是一场没有硝烟的战争，那么你必须把战术战略都钻研透彻，

运用纯熟，才能更加游刃有余地面对谈判，直至成功。

点将不如激将，巧妙激将效果好

生活中很多时候，我们因为着急，对他人苦苦哀求，结果他人反而幸灾乐祸，丝毫不顾及我们的感受，更不管我们是否真的心急如焚。在这种情况下，与其继续苦苦哀求，不如改变策略，所谓点将不如激将，也许使用激将法才是正确的选择。

尤其是在谈判过程中，谈判双方更多的是心理上的博弈，这也就意味着如果其中一方能够成功扰乱另一方的心，那么就离谈判成功更近了一步。众所周知，所谓谈判，必须始终保持心理的镇定，才能气定神闲，意志坚定，神志清醒。一旦变得昏头涨脑，任凭哪个谈判高手也无法发挥超常，取得良好的效果。由此可见，激将法在谈判中几乎是个屡试不爽的好方法，因为很少有人能够面对他人的否定、挖苦或者讽刺，依然淡然处之。不过需要注意的是，在使用激将法之前，为了稳妥起见，最好先对对方进行初步的了解。否则，如果激将法使用得太过唐突，就会无形中得罪他人，又因为不了解对方而导致把握不好分寸，最终弄得鸡飞蛋打，也未可知。总而言之，我们必须学会掌握好谈判的分寸，这样才能不过度，使谈判进展得恰到好处。

作为走街串巷的小商贩，刘妈的销售技巧可不一般哦！这不，她刚刚才顺利地把四床床单卖给了一户人家的女主人，而这户人家的女主人甚至都付完钱了，还不知道是怎么回事呢！

刘妈通常选择周末的时候四处转悠，沿街叫卖。这个周末很热，中午午饭之后，很多人家都在酣甜地午睡。为此，直到下午两点半之后，刘妈才出动。她挑着两箱子床单，都是非常好的棉麻质地。刘妈边走边喊，有户人家的女主人出来查看床单的质地和样式。看得出，这个女主人非常喜欢这款床单。为此，刘妈继续起劲地吆喝着，经验告诉她，在场的人越多越容易成交。果不其然，没过多会儿，这个女主人的左邻右舍也都出来了。几个女人叽叽喳喳地讨论着床单，女主人问刘妈："能便宜点儿吗？"刘妈说："要价30块，如果你真心想买，就25块吧。"女主人不停地摩挲着床单，说："质量的确还可以，不过厚度有些不够。要是再厚一些，我肯定就毫不犹豫地买了。"其他的几个女人也跟着帮腔，刘妈说："你们啊就不是真心想买，这样的床单还说不厚，再厚那就是帆布，不是棉布了。"说完，刘妈佯装挑起担子要走，女主人赶紧喊住刘妈，说："要不你再便宜点儿！"刘妈从鼻子里哼出一声："我再便宜你也未必能买。100块钱五床，你买得起吗？"看到这个小商贩居然当着左邻右舍的面嘲讽自己，女主人恼怒地说："100块钱五床，你卖我就买！""这样我一毛钱都赚不到了！"刘妈装作为难的样子，女主人不依不饶："你可要说话算数啊，大家可都听见你说的了！"最终，刘妈装作心疼的样子卖掉了五床床单，其实她心里正在暗自窃喜呢！尽管是薄利，但是薄利多销也是一样的。卖完这单生意，刘妈喜滋滋地挑着担子又去其他地方叫卖了。

在这个事例中，刘妈就运用了激将法。虽然她心里巴不得女主人痛痛快快地掏出100块钱来买五床床单，但是她表面上还是装出很不相信的样子，这样女主人就更加激动起来，非要完成这笔交易不可。殊不知，这可正中了刘妈的圈套，刘妈等的就是这个呢！

日常生活中，我们经常需要与他人进行谈判，这些谈判形形色色，面对的对象也完全不同。我们唯有把握好谈判的技巧，尤其是当得知对方很爱面子之后，运用激将法往往能够达到预期的效果，使我们百战百胜。当然，激将法也是要把握好度的。一旦过度，则非但会失去效果，还会导致事与愿违。只有把握好度，针对不同的对象或者小激，或者中激，或者大激，从而做到因人而异，因事而异，才能事半功倍。

沉默的力量，超出你的想象

一直以来，大家都有一个误区，觉得既然是谈判，一定离不开唇枪舌战。当然，谈判过程中的唇枪舌战是毋庸置疑的，只不过一味地滔滔不绝，口若悬河，未必能够起到良好的效果。有的时候，话说得太多太过了，反而沉默能够起到意料之外的良好效果，甚至拥有强大的力量。

沉默，因为其无言，所以表达的内容更加丰富。这就像是一幅画，一幅完整的画表达的是特定的意思，而如果作为一张白纸，那么就充满着无限的可能性。相比起说话，沉默也有这样类似的效果。在谈判的过程中，假如原本喋喋不休的你突然沉默，就会在对方心里掀起波澜，使其丈二和尚摸不着头脑，根本不知道你心里在打什么如意算盘。如此一来，对方必然心中乱了阵脚，甚至不知道如何应对你的沉默。越是难堪和尴尬，对方的心也就越是不能安定下来，从而思维混乱。不得不说，沉默也是扰乱对方军心的一种好方法。

在某些特定的语言环境中，沉默的含义也是非常确定的。它就像是画面中的留白，也像是音乐中的休止符，能够给人韵味无穷的感受。假如能够把沉默运用得恰到好处，它就能给与他人的交流，尤其是剑拔弩张的谈判，带来意想不到的效果。

露西是著名的谈判专家，尤其擅长处理各种理赔案件。她前段时间帮助委托人处理一场因为邻居家发生火灾而导致蒙受损失的案子，为委托人争取到巨大的利益，因此名噪一时。

那天，保险公司的理赔员先发制人，说：“女士，我知道您是著名的谈判专家，向来擅长针对理赔案件进行谈判。不过很遗憾，我们公司对于这种类似的案件也都是有规定的，只怕我没有办法按照你的要求进行赔偿。我觉得您的委托人的损失并不大，赔付200美元，您觉得如何？”露西一声不响地坐在那里，甚至没有任何表情。理赔员不由得心里打鼓，他原本以为露西

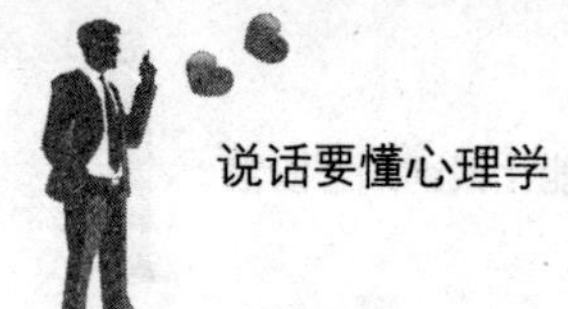

一定会当即表示反对和抗议，压根没想到露西会是这种反应。

理赔员胆战心惊地坐在那里，面对着沉默的露西，最终按捺不住，又问：“要不这样吧，300美元，你觉得如何呢？”不想，露西依然沉默不语，理赔员以要抓狂的态度斩钉截铁地说：“就一口价，500美元吧，实在没法再多给了！”露西这时才缓缓说道：“嗯，500美元？……你也知道，现在的价格……我不知道……”理赔员听到露西的话，神经万分紧张，赶紧说：“真的，真的不能再加了，再加就得我自己掏腰包了！”露西又是沉默良久，才说：“那就600美元吧！”理赔员根本不敢和露西较劲，马上就答应了露西的要求，结束了理赔。实际上，露西的委托人只是墙壁被熏黑了，还损失了一个小小的储藏杂物用的小木屋而已，他最初只想要得到100美元的赔偿。

在这个事例中，露西的沉默给了理赔员巨大的心理压力，尤其是在露西名气很大的情况下，他更是还没开始谈判就已经败下阵来，生怕露西狮子大开口，提出过分的赔偿要求。因而，看到露西沉默不语，他还以为露西是对赔偿不满意呢，为了避免惹恼露西导致事情更加无法收场，他只好主动增加赔偿，直到高达500美元。这时，心中暗自窃喜的露西吞吞吐吐地说出600美元的赔偿要求，理赔员迫不及待地赶紧同意了，他大概只想赶快结束这场莫名其妙的谈判吧！

任何情况下，谈判都应该是双方互动进行的。正是在你来我往的唇枪舌剑中，我们才能捕捉到对方露出的蛛丝马迹，从而更深入地洞察对方的心理，调整自己的谈判思路和方案。在这种情况下，如果其中有一方突然间保持沉默不语，那么另外一方就像被关闭了窗户，无从探查对方的内心世界，也就会变得像没头苍蝇一样，不知所措。由此可见，在谈判过程中恰到好处地沉默，往往能够发挥巨大的力量，带来意想不到的效果和收获。

第14章

求人帮忙，如何让他人心甘情愿帮你到底

生活中，每个人都难免有需要他人帮助的时候，尤其是在紧要关头，我们恨不得想尽办法得到他人的帮助，这样才能顺利渡过眼前的难关。那么，如何才能成功地求助于人呢？这无疑是需要技巧的。在向他人寻求帮助的时候，我们非但要找对方法，更要采取合适的表达方式，才能成功地打动他人的心，使其心甘情愿地帮助我们。

适当示弱，让你得到贵人相助

还记得小时候一起穿着开裆裤玩泥巴的小伙伴吗？还记得上学时的好同窗吗？还记得曾经钻同一个被窝的兄弟姐妹吗？光阴荏苒，岁月如梭，无数的小伙伴们随着时光的流逝渐渐长大，开始有了属于自己的人生。当长大成人之后的你需要这些曾经的小伙伴和同学们的帮助时，如何才能顺利得到他们的帮助呢？如果不好好想一想这个问题，在提出请求之后被拒绝，无疑是让人尴尬的。既然好不容易张开一次口，就应该努力求得好的结果，这才是尽人力知天命。

在请求得到他人帮助时，最不该的就是颐指气使。很多曾经的伙伴兄弟或者是同学之间，因为曾经关系很铁，就算现在求助也依然觉得对方是理所当然应该给予帮助的。其实，时过境迁，每个人都有了自己的生活，也有自己的家人需要照顾，更有自己的工作和事业需要打拼，并非还像小时候那样自由和无忧无虑。因而，你的请求很有可能被拒绝，这应该是在求人之前就做好心理准备的。由于人的本性就是同情弱者，因而我们在请求得到他人的帮助时，首先应该学会示弱。面对那些趾高气昂的人，相信没有人愿意给予他们慷慨的帮助。当你表现出自己的弱势，告诉他人你的确暂时处于困难之中，需要帮助，他人才会心甘情愿地帮助你。

小丁大学毕业已经五年了，如今到了谈婚论嫁的阶段。原本他一直在大城市打拼，想要混出个样子来，不想五年过去了，在大城市孑然一身的他依

然处于社会底层，每天都为了生活疲于奔命。想到这里，他决定采纳父母的意见，回到家乡发展。回家之后，小丁才发现曾经的同学如今一个个都混得很不错，不是当公务员，就是自己做生意，总之各个都奔小康了。想到曾经彼此间纯真的感情，小丁马上去找他们喝酒吃饭。

后来，小丁在爸爸几经托人的帮助下，好不容易找到了一份工作稳定下来。随后，父母又催促着他相亲，紧接着又让他结婚。对于身无立锥之地的小丁，姑娘理所当然提出要买房。无奈之下，小丁只得接受父母的接济，还缺的房款他丝毫不以为然：我这么多同学朋友都在本地，难道还搞不来这十几万块钱么！原本，小丁以为只要自己一个电话，钱很快就会到位，不想，在他底气十足地给小时候最好的伙伴大路打电话之后，心里算是凉到底了。大路说："哥们，不是我不帮忙，实在是我也急等着钱用啊。你也知道，我媳妇还有一个月就生了，到时候用钱的地方多着呢，就这么点儿钱，我也不能一个月就追着你要，你还是想想别的办法吧！"小丁不甘心，又给自己最好的同学打电话，同学说："实在不凑巧，如果你早几天说，我的钱还在手里，但是我刚刚买了基金，要一年才到期。要是你能等的话，我到时候就拿出来给你用！"挂断电话，小丁恨恨地想："哼，我能等得了吗，一年呢，还不知道亏不亏呢！"这时，在小丁身边的女朋友笑着说："你呀，难道以为自己是黑社会老大在和小弟说话吗？跟人家借钱，还颐指气使的，谁有钱也不愿意借给你啊！"小丁不以为然地说："我这可都是铁哥们啊！"女朋友说："但是人家已经结婚了，现在跟媳妇最铁，跟孩子最亲，你再也排不上名次了呀！而且，你那么借钱感觉就像谁欠你的一样。"

原来，小丁打电话的时候说："哥们，有没有闲钱不用的，给我扔点儿过来！我要买房呢，还差点钱，你必须给我对付点儿啊！"难怪女朋友批评小丁呢，后来，在女朋友的指导下，小丁改变了方式，说："哥们，最近怎么样，还好吗？是这样的，我有点事情想求你，还比较急，希望你能帮个忙。你可一定要帮我啊，否则我的终身大事就黄了。到时候我请你喝喜酒！”这样的开场白，让对方听起来心里比较舒服，也有耐心继续询问小丁到底碰到什么为难事情了。当听说小丁要买房结婚，如果不买房就将继续打光棍时，对方无奈地说：“嗯，这个忙必须帮。不过，哥们咱们丑话说在前头，这个钱也是我准备结婚用的，我的婚期在明年国庆，你在此之前必须还啊！”“那必须的呀，你放心吧，保证不耽误你结婚。”如此一来二往，小丁终于借到了七八万块钱。这时，他才意识到很多感情都已经物是人非了，这也难怪，毕竟每个人的生活都发生了翻天覆地的变化，肩膀上的担子也变得更沉了。

在这个事例中，小丁还停留在若干年和哥们好得穿一条裤子的年代。对于曾经不分你我的友情的怀念，使得他在求助于哥们时依然颐指气使，底气十足。殊不知，时代在变，每个人也都在变，感情虽然还在，但是也发生了斗转星移的改变。在这种情况下，我们必须学会向他人示弱，这样才能表现出我们的真诚去求助于他人。

求人办事，一定要低头，否则难道还让那个帮你忙的人低头吗？低头，示弱，不但是赢得他人的同情，也是表示对他人的尊重。你把自己的困境说得越是艰难，对方就更加感觉到自己是在雪中送炭，是在救人于水火，因而也更有成就感。当然，有感情在，求助会变得更加容易些，毕竟人是感情动物，每个人都需要以感情为支撑度过漫长的一生。如果没有感情在，示弱也能够让你激起他人的同情心，从而顺利得到他人心甘情愿的帮助。

由小及大，以闲谈切入正题

求他人帮助，如果关系够铁，可以直截了当，开门见山。如果关系不够

铁，最好还是不要直奔主题，这样会让对方感到没有心理缓冲的时间，因而打心眼里难以接受。就像是跳高运动员在起跳之前一定要有足够的助跑距离一样，我们在向他们提出请求时，也要进行适度的热身运动。举个最简单的例子，假如你与一个朋友很久没有见面了，彼此甚至感到有些生疏，你会和他提出请求吗？即使你真的提出了，也是个不情之请。因而，我们千万不要等到需要用到朋友时，才想起来和朋友联系，而应该在平常的日子里，就经常和朋友保持联络，维护感情。这只是预热的一部分。

真正提起请求帮助的话题时，应该由小及大，在心理学中，这叫作等门槛效应。简而言之，如果你一开口就要和朋友借款十万元，朋友很可能当机立断拒绝你。假如你能够先向朋友借款两万元，然后再借三万元，最后再借五万元，也许成功率就会高很多。从心理学的角度来说，在朋友答应借你两万元的时候，虽然金额不大，但是其已经从内心深处信任和接纳你了。因而，在你再次“得寸进尺”地提出借款三万元的请求时，朋友也许就不会特别抗拒。尤其是在又借了三万元给你的情况下，再借给你五万元，对你而言也就不再是他心中的门槛了，你的请求也就更容易得到满足。

在请求得到他人帮助时，我们也可以采取这种“得寸进尺”方式。当然，在提出请求之前别忘记闲谈。大多数人在闲谈的时候，心情都是比较放松的，因而对他人没有那么戒备。虽然这些闲谈看似没有意义，但是却能够对人们的心理起到很大的影响作用，拉近你们彼此之间的距离，甚至把你们从不那么熟悉的人，变成熟人。这种情况下，如果彼此之间相谈甚欢，那么当你提出小小的请求时，对方根本不好意思拒绝。

最近，美美要出差，她一个人在这个大城市独居，根本没有地方寄养她心爱的吉娃娃。思来想去，也只能寄养在平日里有着点头之交的邻居小敏家里了。小敏和美美一样，也是独自一人在大城市生活，没有合租的人，因而还算情况简单，只要她同意即可。

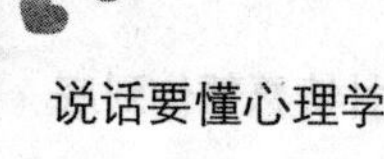

想到就做，美美马上牵着吉娃娃出去，等候在小敏回家的路上，装作偶遇的样子。果不其然，带着吉娃娃在楼下撒了一会儿欢，小敏远远地就踩着高跟鞋回来了。看到美美和吉娃娃，小敏走上前来，拿出一根玉米肠，给吉娃娃吃。美美赶紧问："小敏，你今天下班挺早的啊！"小敏回答："嗯，每天都差不多这个时候，今天没有特殊的工作要加班！"说着，小敏还摸了摸正在吃玉米肠的吉娃娃，美美见状赶紧说："小敏，你也喜欢小狗啊！"小敏点点头，说："嗯，其实我早就想要一只吉娃娃呢，它特别可爱，而且楚楚可怜的样子。只不过因为我经常出差，所以一直都没有养，怕不能好好照顾它。"小敏的话一下子说到了美美的心坎里，美美赶紧说："是的呢，就为了吉娃娃，我找工作时特意说明不能出差。但是很不巧，我这份工作都干了三年多了，偏偏明天要出差，我正发愁吉娃娃没有地方寄养呢！小敏，你这两三天会出差吗？"小敏摇摇头，说："应该不会，我们都会提前通知的。"美美为难地说："我能不能把吉娃娃寄养在你家里几天呢，它很乖的。如果不行的话，我只能把它锁在家里了，我很担心它。""锁在家里，那多可怜啊！要是你放心的话，我就帮你养两天，不过我可从未养过，不知道能不能养好呢！"小敏有些不自信。听到这句话，美美高兴极了，说："你肯定能养的，只要给它准备好吃的喝的，早晨和傍晚各遛弯一次就行了。你放心，我会给你准备好所有的东西。"小敏笑着答应了。

在这个事例中，美美并没有直接和小敏说要寄养小狗的事情，而是选择了一个最随处可见的话题，提起小敏下班还挺早的。这样一来，她们就理所当然地搭上话了，经过愉快的聊天，再把话题引到吉娃娃身上，也就不显得突兀。在前面铺垫了小敏喜欢吉娃娃，甚至还早就想养吉娃娃的话题之后，美美自然而然地说出请求小敏帮助自己养吉娃娃的事情，小敏自然无法直接拒绝。尤其是美美说如果没有地方寄养，就把可怜的吉娃娃锁在家里，小敏更加动了恻隐之心。这就是美美的高明之处。

细心的人会发现，很多带着孩子的妈妈们，只要在公共场所遇到，几乎马上就会以孩子为话题谈得火热。同样的道理，很多喜欢小狗的人，只要在公共场所遇到，也马上会因为小狗变得亲近起来。这样心理上的亲近感，就是因为对同样的事情痴迷所引起的。也许有人会问，我应该怎么与人闲谈呢？其实，你准备求助的那个人与你一定不是完全陌生的关系，而且肯定是有了一定的交往之后，你才会想要求助于人的。在这种情况下，只要你认真用心，凭着对对方粗浅的了解，一定能够很快找到合适的话题，诸如服装，诸如天气，或者是美食，或者是交通，都可以拿来作为闲谈的话题。所谓世上无难事，只怕有心人。只要你是有心人，总能想出办法与他人搭讪、攀谈，甚至在很短的时间内迅速熟悉起来。

转移话题重点，让他人无法拒绝你

通常情况下，人们在求助于他人办事时，都觉得自己应该态度诚恳，好话说尽，甚至还要苦苦哀求，才能得到他人的帮助。其实不然。在求人办事时，如果费尽口舌也没有良好的效果，不如改变策略，转换说话的方式，反而能够得到意外的收获。尤其是对于那些众所周知的难题，只采用常规方法并不能如愿以偿，反而出其不意，才能攻其不备，从而使事情得到圆满的解决。

在说到难题时，如果一味地强调难题的重点，则会让人望而生畏。这也是很多人在求助于他人时，一旦把困难夸张，就很难得到帮助的原因。明智的人在寻求他人帮助时，不会过分夸大困难，甚至还会适度地降低困难的程度，以免被求助者产生畏难心理。此外，转移话题还有一种形式，就是把目的改变一种方式说出来。在这种情况下，被求助者就不会纠缠于难题本身的

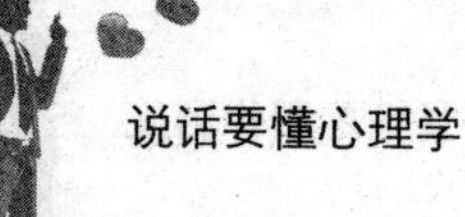

难度，而是会更加关注事情的结果，或者是求助者引导他所关注的侧重点。如此一来，求助的难度自然会降低很多。从某种意义上来说，这种改变方式转移话题重点的说服方法，是一种心理上的沟通和较量。高明的求助者总是从心理上打动他人，从而让他们心甘情愿地给予其帮助。否则，如果说出来的话让他人感到不入耳，自然就不会愿意伸出援手了。

在19世纪的时候，音乐之都维也纳的很多上流社会的妇女们，都很喜欢戴着高高的帽子。即使进入剧院看戏，听音乐，她们也依然戴着帽子不愿意摘下来，如此一来，坐在后排的人总是被遮挡住视线，导致观看的感受大打折扣。为此，他们牢骚满腹。对此，剧院经理也深感理解，毕竟谁花钱来剧院都是为了视觉和听觉的双重享受。为此，剧院经理特意在剧院入口处立了一个大大的广告牌："来剧院看戏，请您自觉摘下帽子，以免影响后排观众。"然而，广告牌挂出去很长时间，没有任何妇女把这个友情提醒放在心上，依然戴着高高的帽子观看。为此，剧院经理苦恼不已。

一个偶然的机会，他突然想出了一个好主意，把广告牌上的提示语改头换面，内容如下："亲爱的女士们，请来剧院时脱帽落座。考虑到年老的女性身体较弱，因而特许年老的女性戴着帽子。"在很长的一段时间内，剧院经理在戏剧开始上演之前，都会特意把这番话再以加重语气的方式说一遍。每当得到提醒，那些原本忘记脱帽的女性就会马上拿下帽子，否则就是在承认自己很老。由此一来，这个关于帽子的大难题得到很大的改观，再也没有妇女戴着帽子落座了。

毫无疑问，剧院经理非常聪明。他正是抓住女性朋友害怕被别人说老，而且发自内心不愿意承认自己老的心态，改变了友情提醒的侧重点，从而使得每一位女性都能主动做到脱帽落座。如此一来，剧院的生意也越来越好，即使是后排的座位票也能很快地销售出去了。

转移话题的侧重点，其实就是改变一种方式说话。尤其是在求助于人的

时候，并非只有某种一成不变的方式，只要稍微把思路转化一下，就能得到意外的惊喜。此外，很多陈旧迂腐的事务都会给人以糟糕的感受，在这种情况下，经常换一种新的方式待人处世，还能给人全新的感受和体验，不但能够减少厌烦的感觉，也能打开常变常新的局面。

得寸进尺，才能让你得到最大满足

生活中的很多时候，得寸进尺都是带有些许贬义的词语，似乎总是与贪得无厌、索求无度相联系。实际上，如果能够在求人办事时很好地利用得寸进尺的策略，则不但能够顺利得到他人的帮助，甚至还能让你一步一步地得到最大的满足。这是因为人们从心理上来说，都是能够接受小小的付出，而排斥一下子付出太多。以“得寸进尺”的方式逐步提出要求，恰恰满足了被求助者的这种心态，让被求助者更加容易满足求助者提出的小要求，再渐渐满足求助者提出的大要求。

所谓饭要一口一口地吃，求人办事时千万不要因为急于一步到位，就狮子大开口，一下子把自己最大的请求说出来。这样非但不能帮助你如愿以偿，反而会导致事与愿违，甚至把被求助者吓得将你拒之门外。如此一来，就连些许的机会都没有了。聪明的求助者，总是先以小要求给被求助者进行心理铺垫，等到被求助者渐渐接受他所提出的小要求时，再逐渐增加要求的分量。举个最简单的例子，假如你让一个人一步之内就跨上十级台阶，他无论如何也不能实现，除非是姚明的大长腿才有可能。但是如果你先要求对方迈上一个台阶，然后再要求他迈上一个台阶，如此循序渐进，再让他一步迈上两个台阶，甚至努力一下迈上三个台阶，则难度就会相应降低，也显得更容易接受，也更符合情理。

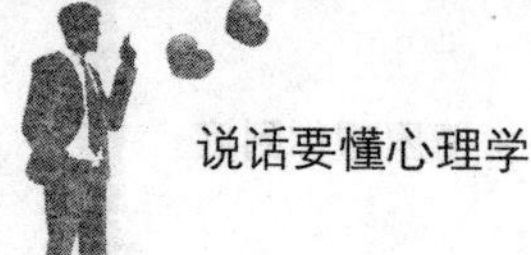

作为一名新入职的推销员，杨辉每次去拜访客户时，都会被毫不留情地拒绝。这使他在三个月的试用期即将结束时，工作上依然没有任何起色。那天下午，杨辉知道如果自己的推销工作依然毫无起色，就会被公司辞退，不由得心情沉重。他像往常一样来到一家位于写字楼里的公司，在把随身带着的彩色打印机展示给负责人看之前，他因为心情沮丧，因而向负责人讨要了一杯水喝。看着杨辉筋疲力竭的样子，负责人同情地说："哎，你们也不容易，拎着这么重的打印机挨家挨户地跑，也很累。"

喝完水之后，杨辉再次像往常一样开始向负责人推销，出乎他的预料，负责人非但没有拒绝，还听得很认真。直到听完杨辉耐心的讲述，负责人才说："正好我们公司的彩色打印机也的确有些年头了，色彩不够艳丽。不过这个月已经月末了，支出紧张，等到月初的时候你直接给我送一台新的打印机，如何？"杨辉做梦也没有想到自己的请求居然就这样得到了对方慷慨的帮助。他非常兴奋，对着负责人千恩万谢，说："这样吧，我先把这台样机留给你们试用，等到月初再给你们送一台新机子来，这样也不耽误你们使用了。"看到杨辉想得如此细致周到，以至于后来负责人居然成为了他的老主顾，只要是杨辉有的办公用品，他都会选择从杨辉处订购。

在这个事例中，杨辉也许不知道自己为何能够突然取得成功，其实是有原因的。以前，杨辉每次到达推销的公司，就会直截了当地拿出打印机，准备展示给客户看。但是如果客户恰巧没有时间，或者心情不耐烦，又暂时没有强烈的购买需求，因而马上就会严词拒绝杨辉，根本不给杨辉任何机会。这次则不同，杨辉先是张口向客户讨要了一杯水喝，正是这杯水打开了客户的心扉。要知道，谁会拒绝给人一杯水的请求呢？但是一旦接受了这个请求，也就意味着你与这个求助者有了一定的交情，等到杨辉开始正式推销和介绍打印机的情况时，客户自然也就不好意思再声色俱厉地拒绝。这是第一步，杨辉为自己争取到了一个展示的机会，也使得客户能够耐心地听他介

绍。其实很多需求都不是很强烈，就像打印机，如果不是很新，使用起来一定没有新款方便，因而即使没坏的情况下，打印机也是可换可不换的。所以，杨辉耐心的介绍激起了对方的购买欲，从而促使交易最终达成。

虽然这只是一个简单的事例，但是客户的心理历程恰恰印证了我们对其的理解和推论。在求人办事的过程中，假如我们能够灵活巧妙地使用“得寸进尺”法，先是提出一些小小的很容易满足的要求，然后再继续提出更大一些的要求，最后才提出最大的要求，如此循序渐进，一定更有可能得到他人的帮助。人与人之间的任何交往，都离不开心理的支撑，我们唯有更加深入地把握心理的规律，才能顺利地打开他人的心扉，最终如愿以偿，取得事半功倍的效果。

感情，永远是人性的弱点

生活中，我们常常需要向熟悉的人寻求帮助，诸如亲人、朋友、同学和同事等。在熟悉的人之间，因为交情的深浅，总还有些感情方面的顾虑，也许对方在力所能及的情况下，不会因为一个不乐意就拒绝你。这就是中国国情下的人情往来，也要为将来的相处留下空间。但是如果是求助于陌生人，情况则完全不同，因为陌生人之间处理关系完全是公事公办，毫无私情可言。在这种情况下，要想让对方给予你更多的关照，或者哪怕是让对方在条件许可的情况下对你有所偏袒，都是很困难的。

有些人对于陌生人也能相处快乐，这是为什么呢？究其原因，是他们深谙求助陌生人的技巧，因而总是能够轻松地打开陌生人的心扉，得到陌生人的青睐。那么他们究竟有何技巧呢？原来，他们的技巧就是与陌生人打感情牌。也许有人会说，和陌生人怎么可能打感情牌呢？没错，就是感情牌。

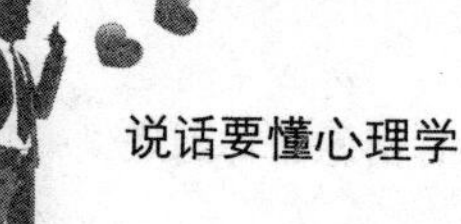

人是富有感情的，对于每个人而言，他们在感情上都是有弱点的。一旦我们找到他们感情上的弱点，或者能够像他们一样，给予他们最爱的人一些特殊的关照，那么作为回报，他们也一定会马上对你变得特别热情。如此一来，你们的心理距离就会极大地缩短，甚至在短短的时间内与其变成熟悉的人，就像朋友一样。水到渠成地，你的要求也就更容易得到满足了。

作为一名保险推销员，琳达总是能够与每一位顾客打得火热，不但得到他们的认可，而且得到他们热情的对待。琳达到底有什么秘诀呢？最近，琳达正好准备争取得到一个大老板的保险单，接下来就让我们一起去看看吧！

这一天，琳达在了解了老板的详细资料后，带着公文包前来拜访。不过，这位老板在此之前已经把很多个保险推销员都拒之门外了，因而他毫不客气地拒绝琳达也是在情理之中的事情。他说："很抱歉，我暂时并不需要保险，如果有需要，我会主动联系你的，不需要你来找我……"这时，老板的秘书艾米走进来，说："不好意思老板，我昨天晚上没有要到歌星马克的签名，人实在是太多了。这是T恤，帮我跟您家公子说抱歉。"秘书说完，怀着歉意走了。这时，琳达突然说："您家公子喜欢马克？"老板点点头，说："没办法，天天催着我要签名。他上学实在太忙，我只能满世界地听演唱会。他是个超级粉丝。"琳达笑起来，说："真是太巧了。马克是我妹妹的同学，她们关系还比较好呢！如果您愿意，不如把T恤给我吧，我过几天就把签好名字的送给您！"老板有些难以置信地说："真的吗？要是这样，那就太好了，太感谢你了。"拿了T恤，琳达就离开了，一句话也没有再说起保险的事情。

几天之后，当琳达拿着签好名的T恤来还给老板，而且还特意送来了几张有马克亲笔签名的最新专辑和一顶阿迪达斯的棒球帽时，老板高兴极了："谢谢，谢谢，非常感谢，我可真不知道如何感谢你才好呢！"琳达淡然地说："不用客气呢，举手之劳。"说完，她就准备告辞，老板主动说："你

带保险单了吗？可否留下一份给我仔细看看，看完之后我再联系你。”果然，没过几天，老板主动联系琳达，最终他不但从琳达这里为全家购买了保险，而且把为职工上的商业保险，也交给了琳达。

在这个事例中，琳达面对一个很难打交道的老板，意外地得知老板的儿子喜欢歌星马克，而恰巧她又能通过妹妹的关系得到马克的签名，因而她不但帮助老板在T恤上签名，而且还附赠了好几张签名的光碟和棒球帽，这个礼物对于老板而言简直太珍贵了。天底下所有的父母都会把孩子看得比自己更重要，这就是他们感情上的弱点，因而如果你想与某个当了父母的人打交道，只需要对他们的孩子好，就比对他们好更让他们高兴和满足。

求人办事，直接提出要求未免有些突兀，如果能够找到突破口，先与对方沟通好感情，然后再提出要求，效果一定会更好。毋庸置疑，每个人都有自己的喜好，也会有心理上的弱点，这些就是人们感情上的突破口。当我们付出真诚和耐心，去与对方进行良好的沟通和交往，那么也就一定能够得到对方积极的回应。

第15章

洞察人心，才能彻底征服他人

人与人之间的交往，从本质上说，就是心与心的交往。我们只有准确洞察他人的心理，顺利打开他人的心扉，才能彻底征服他人。生活中有很多人做事情都流于形式，待人接物也难免缺乏真诚，只顾着面子上好看。在这种情况下，要想得到他人的真心，显然是很困难的。现代社会，人际关系被提升到前所未有的高度，要想成为社交达人，就一定要摸准他人的脉搏，让自己成为攻心有术的人际高手。

没有人愿意面对居高临下的你

生活中总有些人自我感觉良好，不管做什么决定什么事情，他们都很自以为是，总觉得自己是对的，别人都是错的。在这种情况下，他们在与别人说话时总是带着颐指气使的神色，有一种说不出来的鄙夷。你愿意与这样的人说话吗？回答当然是否定的。同样的道理，别人也不愿意与这样的你说话。因此，如果你发现自己的人缘不够好，就要扪心自问：我是否居高临下，我对他人是否友善公平？

在与任何人交往之前，撇开身份和地位的世俗观念，我们都要放下“架子”。即便是在工作中，你作为上司，也没有必要时时刻刻向下属端着“架子”。你要知道，下属只是与你在工作上的分工和角色不同，但是从人格的角度来讲，你们是完全平等的。所以你既没有资本，也没有理由，对下属端着“架子”，居高临下地对待下属，甚至对其颐指气使。

当然，有些人之所以居高临下，并非是因为虚伪，而是由于身份角色的长期定位，使他们心理上就形成了定式。这样的居高临下，往往更难改变。但是，如果这样的心理定式已经严重影响到人际交往和社交关系的建立，就必须下定决心彻底改变，否则就会导致人缘越来越差，社交生活也会受到很严重的影响。

在一群玩耍得很好的小伙伴里，皮特无疑是最孤立的一个，虽然大家也会带着他一起玩，出去唱歌喝酒等，但是他似乎总是与大家隔着很远的

距离。有的时候，遇到几个好哥们窃窃私语，是一定不会被他听见的。长此以往，皮特也觉得很难受，因为他觉得被大家隔离了，甚至有一种被排挤的感觉。

一个偶然的机会，皮特问哥们里和他关系相对比较好的瑞瑞，瑞瑞问："你真的想知道原因吗？我说出来你不会生气吗？"皮特郑重其事地点点头，瑞瑞这才直言不讳地说："你这个人总是自以为是，而且有点儿瞧不上别人的意味。所以大家都不愿意和你交往，因为他们觉得你架子太大了。但是既然大家都是从小一起玩儿的，所以也不好意思直接不理你，因而就总是躲着你，疏远你。"听了瑞瑞的话，皮特进行了深刻的反思，这才意识到自己的确有的时候很过分。比如说不管朋友们说什么，他肯定马上表示反对，觉得朋友说得不对。再如有个好朋友带什么好吃的一起分享，他又会觉得这些食物太低档，不利于身体健康。如此一来二往，大家就不愿意再当着他的面说话，有的时候谁带了好吃的，也不会喊上他一起分享了。

朋友之间，一定要彼此融入，才能让关系越来越亲近。如果一个人总是居高临下，对其他人颐指气使，或者觉得别人说的都是错的，那么渐渐地，没有人愿意总是被否定，也就会越来越疏远他。孤家寡人，就是这样形成的。

要想与朋友和谐友好地相处，不管我们在家里过着怎样的生活，也不管我们的朋友与我们是否生活在同一个社会阶层，我们都要一视同仁，给予对方足够的尊重和理解，最终才能赢得他们的包容和信任。总而言之，人与人交往是要交心的，任何时候都不要对朋友颐指气使，更不要不把朋友放在眼里。你对于朋友所有的感情，朋友都会有所感受，也会深有感触。

套近乎，才能让彼此更加亲近

在面对陌生人时，要想与其拉近距离，更加亲近，就必须与其套近乎。套近乎的方式有很多，诸如聊聊天气，说说无关痛痒的话题。然而，最有效的套近乎方式，还是说说对方感兴趣的人和事，或者说些双方的共同点。也许有人会说，我不需要与他人套近乎，因为我从来不和陌生人打交道。难道和熟人打交道就不用套近乎吗？套近乎并不是陌生人之间的专利，很多情况下，熟人之间要想说正题，也需要先套套近乎，沟通沟通感情，铺垫铺垫情绪，这样才不至于显得突兀。况且熟人之间熟悉的程度也是各不相同的，有些熟人彼此特别相熟，不管说什么或者做什么事情，都能心灵默契。但是有些熟人却只是仅有一面或者数面之交的人，根本算不上真正的了解。尤其是在与后者交谈时，先从一些套近乎的话题开始，是很有必要的。

每个人从心理上都更接受自己人，这一点是毋庸置疑的。对于不那么熟悉的人或者陌生人，虽然人们也存在一定的好奇心，但是却不会坦然接受对方，真正包容和接纳对方。在此基础上，人们更喜欢和自己人打交道，不管说话还是办事都更加方便快捷，也省去了很多互相不信任的烦恼。从这个角度来说，如果我们能够在套近乎的时候选择最恰到好处的人称代词，诸如不用“我”，而多说“我们”，虽然看似只有一字之差，也是能够顺利拉近人们彼此间距离的。

作为美国著名的矿冶工程师，荷蒙毕业于举世闻名的美国耶鲁大学，此后还去了德国的弗莱堡大学进行学习，取得了硕士学位。然而，正是这些名牌大学的毕业证和学位证，使他在找工作的时候遇到了麻烦。毕业之后，荷蒙就带着自己的文凭去了美国西部，他知道那里有个很大规模的矿，矿主是赫斯特。出乎他的预料，当他自豪地介绍完自己的文凭，却遭到了赫斯特的一票否决。原来，赫斯特没有读过书，是个地地道道的粗人，因而他也最讨

厌和书呆子打交道，尤其是那些脑筋迂腐观念陈旧的工程师。为此，他根本没有接荷蒙双手奉上的文凭证书，而是直截了当、毫不留情地说："我不需要你这样的人才！你还是另求高就吧！"至此，荷蒙完全见识到了赫斯特的固执和古怪。他困惑地问："为什么呢？我学习的就是矿冶啊，正是你需要的人！"

赫斯特毫不掩饰地说："我没有文凭，连大学的门是朝着哪里开的都不知道。你既然毕业于弗莱堡大学，还是一个硕士。那么，你的脑子里一定装满了让我厌恶的理论，它们根本毫无用处，只会把人的脑子都弄得僵化起来。我不需要这样的工程师，真的！"荷蒙听了赫斯特的话之后，一下子就意识到问题出在哪里了。他故弄玄虚地说："其实，我有个秘密想告诉你。不过，这个秘密不能被我父亲知道，所以你必须答应我保守秘密。"赫斯特觉得好奇，追问："哦？到底是什么秘密呢？"赫斯特小声说："实际上，我是被父亲逼着去读学位的。在弗莱堡的三年里，我几乎什么也没学到，白白浪费了我父亲供养我的学费。"听到这里，赫斯特情不自禁地笑起来，说："既然如此，那你就明天过来报到吧！"

因为赫斯特不喜欢有学历的人，因而他也很讨厌有学历的人，为此也迁怒于荷蒙，不愿意接受荷蒙的求职申请。对此，荷蒙并没有与赫斯特针锋相对，而是采取迂回曲折的方式，告诉赫斯特自己的硕士学位完全是混出来的，根本不值一提，也没有任何含金量。如此一来，即便赫斯特知道荷蒙是在说谎，也意识到荷蒙是在和他套近乎，荷蒙很愿意留在他的矿上工作。他如何能够拒绝这个灵活机智套近乎的好下属呢，只好笑着让荷蒙第二天来报到上班了。

生活之中，我们很多时候都与他人之间存在距离，要想顺利实现自己的心愿，或者促使某件事情的成功，我们不得不与他人打交道时，完全可以灵活机动地采取诸多套近乎的方式，拉近自己与他人之间的距离，从而更好地

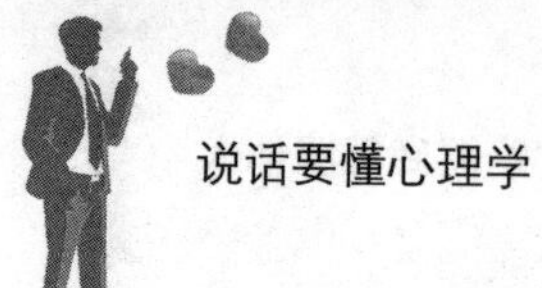

与他人相处。人与人之间真正的距离，是在于心理上的距离。唯有心与心接近了，才能心灵默契，也才能让沟通和相处变得更加顺畅愉快。

真诚和热情，让他人感受到你的心意

有些人对待他人总是冷若冰霜，不仅对他人毫无兴趣，而且也缺乏应有的尊重。众所周知，人与人的交往总是相互的。这样的人注定了难以得到他人的热情和真诚对待。所谓种瓜得瓜，种豆得豆，尽管这句话并非每时每刻都能成立，但是在大多数事物发展规律面前，依然是至理名言。有人说人生就像是一面镜子，你对着镜子微笑，镜子也就对着你微笑。其实，人心也是一面镜子。正如俗话所说，怀揣着一块石头，时间长了也能焐热。对人也是如此，假如我们始终以真诚热情的心对待他人，那么他人一定能够感受到我们的心意，也同样地会回报于我们。尤其是在人际相处中，总有一方会主动付出。否则，如果我们都一味地等着他人付出，最终就会毫无收获，因为别人说不定也在等着我们呢！

所谓兴趣，不但可以用于工作生活，也同样可以用于人际交往。假如一个人对另一个人缺乏兴趣，那么他是无论如何也无法对其付出真诚友善的。由此可见，兴趣也是人际交往的基础。日常生活中我们经常说的一见钟情，用兴趣来解释的话，大概就是一个人对另一个人表现出莫名其妙且难以控制的强烈兴趣吧！

人的心是非常敏感的，总是能够感受到他人对待自己的态度、兴趣等。如果一个人索然无味地面对着我们，我们当然也会兴致索然地面对着他们。这一点，毋庸置疑。由此可见，兴趣是一切交往发展的先决条件，也是必不可少的基础。唯有兴趣，才能激发我们的真诚和热情，让我们毫不吝啬自己

的友善和好意。

从美国南北战争后，伊力特始终担任哈佛大学的校长。直到第一次世界大战爆发前五年，他才从哈佛大学卸任。在担任校长期间，伊力特深得学生们的喜爱，因为他平易近人，而且对学生满怀真诚的热爱。

当时，柯蓝盾正在读大学一年级。因为家境贫困，他不得不申请了助学贷款。有一天，柯蓝盾得知贷款下来了，所以特意去校长室拿贷款，他已经到了生活艰难的地步，急需要这笔钱救急呢。拿到钱之后，柯蓝盾对伊力特校长千恩万谢，他很清楚如果没有校长的照顾，也许他很可能无法继续学业。正当柯蓝盾准备离开时，伊力特校长突然喊道："请等一下，如果不介意，就坐下来聊一会儿吧！"柯蓝盾很惊讶，他想不出校长要和他说什么。这时，伊力特非常友善地说："我听说你很擅长烹饪，而且经常自己在宿舍里做吃的。这样很好，任何时候都需要保证生活，不过一定要注意食物的质量。我读大学的时候也经常自己在宿舍里做饭吃呢！你做过炖牛肉吗？如果你有耐心把牛肉炖得足够烂，你就会发现这道菜简直太美味了。而且，这么做的话，连肉汤也不浪费，还可以用来煮面条。当年，我也是这么做的，你完全可以试一试啊！"接下来，伊力特校长非常耐心地教会柯蓝盾选择牛肉的注意事项，而且还叮嘱他一定要先用文火炖肉，这样肉才能更加软烂入味。面对这样一位校长，有哪个学生会不喜欢和爱戴他呢？！

作为一所著名大学的校长，伊力特对学生显然充满了热爱，所以他才有耐心去教一个申请助学贷款的学生如何才能提高自己的烹饪水平，在省钱节俭的前提下，把饭做得更美味，也让自己吃得更好。著名成功大师卡耐基也曾说过，假如一个人表现出对他人的真正兴趣，那么就会付出极大的热情和真诚。如此一来，他的身边怎么会缺少朋友呢，他又怎么会不得到朋友的真心相待呢？！无疑，对他人的真诚和热情，能够帮助我们在短短的时间内得到更多的朋友，这样我们的人际关系自然越来越好，人缘也会水涨船高。

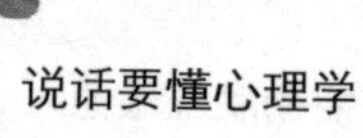

朋友们，如果你也想要成为社交达人，那么就从现在开始，让自己的语言充满热情吧。当你以一颗真诚的心对待他人，他人也一定会以真心对待你的。任何情况下，一个人都不可能一厢情愿地得到他人的友好和善待，唯有主动付出，投出橄榄枝，才能与他人交好，感情也随着往来变得越发深厚。

一字千金，做人要以诚信为本

在古代社会，人与人之间非常讲究诚信。虽然当时的法律还不够健全，但是整个社会的风气却很好。后来随着改革开放，人们的思想也极大开放，有很多人无形中走了弯路，不愿意再以诚信为本，而变得唯利是图。幸运的是，随着国家法治社会、信用社会的推进，也因为精神文明和物质文明的极大发展，使得现代社会的人们也越来越重视信用，甚至南京市还推行了信用人士乘坐地铁票价有优惠的活动。由此可见，诚信已经成为现代人不可或缺的品质，如果没有诚信，一个人就无法在现代社会立足，更无法得到良好的发展。

人与人之间，虽然很多事情都不可能上升到法律的高度，但是诚信却在约束着人们的言行，让人们在受到利益驱使的同时，能够更好地建设和维护和谐社会，也能够立足长远看待诚信问题。遗憾的是，生活中依然有少数人拿诚信不当回事，他们不但不信守承诺，而且在面对自己的生意伙伴或者销售对象时，对于产品的品质和性能无中生有，夸大其词。如此一来，只能做一锤子买卖，因为消费者是不会在同一个地方两次被骗的。不仅做买卖要以诚信为本，做人更要以诚信为本。没有诚信的人非但得不到他人的信任，还会因此被他人小看，可谓损失惨重。在这个信用社会，几乎一举一动是都和信用挂钩的。如今有很多人都在使用的信用卡是非常便利的，但是失去信

用的人却没有资格申办。也许有人会说，我从来不用信用卡，借钱也只向熟人借。这么想可是大错特错了，在没有有力约束的情况下，人们更需要有信用，才能得到他人的信任。否则，只怕从别人那里借根针都很困难，毕竟有借无还是不现实的。

作为大城市的女孩，思思从未嫌弃过老公林强家里是农村的，更没有想要从公公婆婆那里得到任何援助。她总是宽容地想："作为农村的公婆，他们只要能够力所能及地养活自己，就足够了。等到过些年我们小夫妻有了一定的经济基础，赡养他们也就不成问题。"

有一次回到老家，婆婆和思思聊天，一本正经地问："你们现在租的房子多少钱？"思思回答："2000。"婆婆马上心疼地喊道："一个月就要2000吗？"思思点点头。这时，婆婆严肃地说："你们多多挣钱，等攒了钱买房子吧。现在家里穷，等过两年你们买房，我和你爹也给你们掏点儿。"想到这里，思思觉得很开心，说道："妈，那可真是太好了。大城市房子贵，你和爸爸要是能帮我们些，这钱就算我们借的，我们会慢慢还给你们的。"后来，思思一直想着婆婆的这句话，等到买房的时候，出乎她的意料，婆婆就像是把这码事完全忘记了一样，绝口不提。虽然婆婆手里有点儿钱，却口口声声说是自己攒的养老钱，一分都不能动。为此，原本对婆婆抱有一些期望的思思，非常气愤。

这个事例中，错的肯定是婆婆。做人最讲究一诺千金，尤其是和自己的儿子媳妇，如果做不到的事情最好不要说出来，否则一旦说出来，就要竭尽所能地兑现。尤其思思也说了父母帮的钱算是借的，还会再还，婆婆手里也的确攒了些钱，却舍不得拿出来。其实如果婆婆一开始就不想帮衬儿子媳妇，完全可以不这么说，思思也不会有什么期盼。婆婆说完了，思思心中有了期盼，婆婆又食言，思思当然会非常生气。所谓期望越大，失望也就越大，事实恰恰如此。

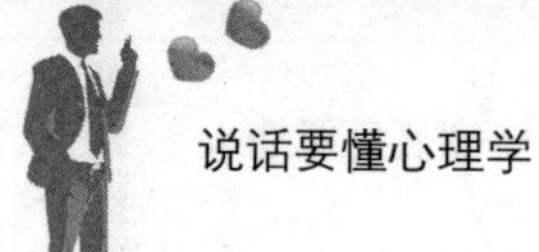

做人，不管是对熟悉的人，还是对陌生的人，都要做到一诺千金，才能树立自己的威信。否则一旦有任何一次失信于人，就会导致形象受损，未来想要再次树立威信，也就会难上加难了。最重要的是，失信还会使他人对我们心生嫌隙，甚至是怨恨，使原本融洽和谐的关系变得恶劣起来。大家都知道，所谓破镜难圆，这不仅是针对夫妻感情，所有的感情一旦破裂，就很难复原如初。因而，我们一定要把信誉当成自己的眼睛一样去爱护。任何时候，都不要以失去信誉为代价食言，这远比兑现诺言的代价沉重得多。

实实在在的人，更受欢迎

生活中不乏有些虚伪奸猾的人，从表面看起来，他们总是过分热情，甚至热情得让人如芒在背，坐立不安。他们说起话来也非常客套，几乎每句话都是听起来无懈可击的外交辞令，即使是习惯了鸡蛋里挑骨头的人也无法从他们的话中找到任何破绽。在职场上，他们更是左右逢源，如鱼得水，游刃有余。然而，一旦与这样的人渐渐熟悉，你对他的好印象就会渐渐消失，甚至开始深深厌恶起他们来。这是为什么呢？因为他们虚伪的客套，因为他们一切的表象都并非源自真心，因为他们根本不实在，不管在哪个方面都不真诚。

当然，生活中是少不了礼节和客套的。但是凡事皆有度，礼貌和客套一旦过了头，就会给别人一种不真实的感觉。举个最简单的例子，如果你去朋友家里做客，你是希望对方对你客套有度，还是希望对方不停地招呼你喝茶吃水果吃点心等等呢！当你感觉到主人的眼睛盯着你，你还能踏踏实实地继续做客吗？你一定觉得很难受。与人交谈也是如此，如果一个人面对你说的任何话，都唯唯诺诺，从来不敢反驳，那么你又如何是好呢？你一定觉得

自己说的每句话都毫无意义，因为根本起不到相互交流的作用，你面对的只是一个可怜的应声虫。从这个角度来说，显然是实实在在的人更受欢迎。与实在的人交往，我们觉得自己是脚踏实地的，一切都让人觉得心安理得。相反，与虚伪的人交往，我们总觉得心在悬着，似乎无依无靠，也的确没有什么是可靠的。

大家都知道，交谈的目的就在于沟通，相处的目的则在于加深感情。如果交谈变得毫无意义，相处也都是虚的，无法加深感情，那么不管交谈还是相处都变成了瞎子点灯——白费蜡。人生苦短，把宝贵的生命白白浪费，无疑是让人感慨的。我们每做一件事情，不但要讲究形式，更要注重内涵和结果。

这个周末，大家相约去李娜家里做客。李娜大学毕业后就去了美国，一直以来都和同学们鲜有往来，如今因为要回国定居，所以把同学们都请到家里聚一聚。在约定的时间，大家陆陆续续地到了，住着别墅的李娜明显有一种优越感，和同学们交谈的时候也带着寒暄的意味。

很快，在别墅花园里举行的自助餐就要开始了。李娜在正式开餐之前，说："各位各位，大家的光临使寒舍蓬荜生辉……简单准备了些饭菜饮料甜点，希望大家能喜欢，当然没有国外吃得这么丰盛，我家的保姆还是按照美国的习惯做饭的……下次，下次我一定聘请五星级大厨，给大家更好的宴会……"李娜话音未落，同学们就窃窃私语。有的女同学不屑地说："去美国这么多年，还没忘记寒舍呢。哈哈，真是有钱人，管别墅也叫寒舍，这让我们这些住草棚的人情何以堪啊！""是呢，是呢，我们这些从未吃过西餐的人今天也开开荤，看看李娜从美国带来的厨子手艺到底怎么样！"……很多嫉妒心强的女同学在下面不停地窃窃私语，李娜依然说着啰唆的客套话，直到有位同学大喊："夫人，我们可以开吃了吗？听说今天要吃西餐，我可是从昨晚就没吃饭啦！"李娜这才不好意思地结束客套和寒暄，同学们如果

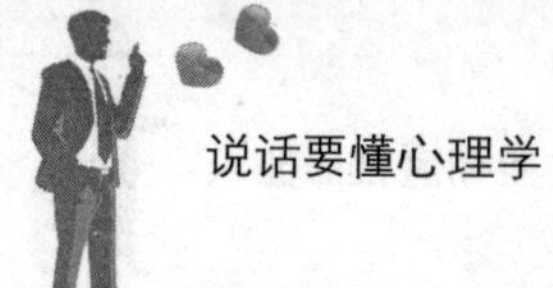

忘记她虚伪的热情，这次聚会还是比较圆满和成功的。

对于熟悉的人之间，或者是同学、朋友之间，因为原本关系都比较亲密，再说些假大空的客套话，无疑是让人感到尴尬和难堪的。在这种情况下，过于礼貌和客套，其实都是拒人于千里之外的表现。如果你在家里招待一个朋友，并且很不想他再次到来，那么你尽可以和他客套，这样相信即使你下次真心诚意地邀请他，他也不敢再来了。和客套话相比，反而是那些实实在在的话更容易拉近人们彼此之间的距离，也更能够加深人们之间的感情。

即使迫不得已必须说客气的话，也要注意千万不能泛滥，因为多而泛滥必然显得不够真诚，而且使人感到尴尬和难堪。此外，客套话虽然名为客套话，应该尽量言之有物。空虚乏味的话，让人一听之下就能感受到虚伪和应付，因而很难真正起到应有的效果。总而言之，凡事不可过度，过度犹如不及。任何事情我们都必须把握好度，才能最终事半功倍，如愿以偿。

王婆卖瓜自卖自夸，未必好

生活中，有很多人都喜欢自我夸耀，甚至达到了自我吹嘘的地步。当然，在不能过度谦虚以埋没自我的现代社会，客观中肯地评价和推销自己还是很有必要的。所谓酒香不怕巷子深，在物质极大丰富、商品竞争激烈的现代社会并不适用。我们唯有合理推销自己，抓住机会毛遂自荐，才能得到更多展示自己的机会。但是，凡事都要讲究度，一旦过度，就会变成王婆卖瓜——自卖自夸，导致他人对你的自我夸耀和吹嘘心生厌倦。如此一来，你还如何得到他人的肯定和认可呢，这岂不就是事与愿违么！

偏偏有些人非常热衷于自我吹嘘，他们就像是矗立在水边的水仙花，只

顾着一味地欣赏自己，全然不顾他人的感受。对于这些自高自大的自恋狂，很少有人会对他们有好印象。因此，这些自夸者的人际关系总是不那么和谐融洽，甚至有些人还会刻意躲得他们远远的，不愿意与他们打交道。当自夸影响到人际关系时，不得不说，自夸者必须进行自我反省，及时改进自己的缺点，这样才能改善人际关系，受到他人的欢迎。否则，严重者有可能影响到自己的生活和工作。所谓得道多助，失道寡助，如果大家都不愿意帮助你，你又如何能凭一己之力获得成功呢！

通常情况下，真正有修养、有真才实学的人，一定不会轻易自夸。他们很清楚，事实胜于雄辩，一味地自夸除了给人留下夸夸其谈、华而不实的感觉之外，其实没有任何好处。实际上，自夸的人并没有弄清楚人际交往的目的。所谓人际交往，最终是要让他人了解我们的真实能力和正直品性，而不是为了让别人听我们夸张地说话，或者夸耀自己。如果我们不辞辛苦地说了很多，最终却只给人留下浮夸的印象，那么说了不如不说。如果我们虽然很少说话，更不会自己夸赞自己，但是最终我们的言行举止却像他人印证了我们的为人秉性，这样无疑更有意义。赞美，只有从别人口中说出来时，才具有一定的含金量。自己夸自己，是不能让人信服的。

作为北京土著，李刚找了很久的工作都没有结果。这一切都归结于他的自夸。原来，每次找工作进行面试时，李刚总是会进行如下的说辞："领导好，首先我来进行自我介绍。我是一名土生土长、不折不扣的北京土著。我从小在北京出生，也在北京长大，我的七大姑、八大姨都在北京，因为我的爸爸妈妈都是北京人。我毕业的学校说不上好，但是和很多学校相比也还是不错的……我的能力呢，我觉得一般吧，但是胜任工作肯定没问题……总而言之，我觉得您只要聘用我，尤其还是销售行业，那肯定是没错的。因为我能为您带来很多的潜在客户，而且绝对因为我的原因，他们都会成为忠实客户。在这种情况下，不是我自夸，我觉得自己就像是一座隐藏的金库，等着

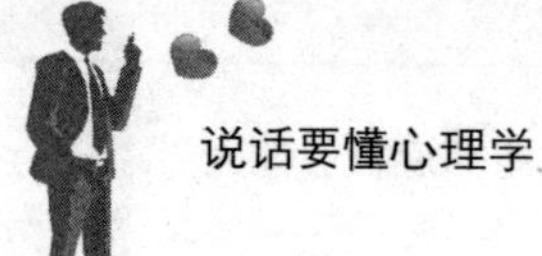

被发掘呢……”如此一番夸夸其谈说完，相信没有任何领导愿意聘用李刚，也因此李刚从大学毕业之后就一直处于待业、失业的状态，毫无起色。

毫无疑问，没有任何领导想给自己找个大爷到公司里供着，李刚的每句话则都在告诉大家：我是大爷，你们必须给我上供，我才和你们玩！以这样的态度参加面试，怎么可能有结果呢！任何情况下，人们都不喜欢夸夸其谈，尤其是大言不惭的人。所谓人贵有自知之明，一个不知道自己分量的人，也是不值得人们给予他尊重和认可的。

在这个世界上，每个人都既有优点，也有缺点。我们必须看到自己的缺点，也必须看到他人的优点，从而才能摆正心态，既不妄自菲薄，也不狂妄自大。尤其是在与朋友亲人的相处中，也不能因为关系亲密，就说起话来无所顾忌。任何情况下，谨言慎行总是没有错的，就算不愿意委屈自己，也不要说出肆无忌惮的话，徒劳地招人笑话或者厌恶。

当自夸达到一定程度，就会严重影响我们的人际交往，甚至破坏我们辛苦建立起来的人际关系。如此长期下去，必然导致我们的人生也受到影响。所谓得道多助，如果我们因为毫无分寸地自夸导致变成孤家寡人，谁还愿意助我们的人生一臂之力呢！从现在开始，就让我们变得更加客观和理性吧，你既不像自己所想的那么糟糕，也不如自己幻想的那般优秀！

参考文献

[1]雅瑟，静涛.做一个会说话会交际会理财的聪明女人[M].北京：企业管理出版社，2010.

[2]鸿图.说话心理学——教你这样说漂亮话[M].北京：海潮出版社，2013.

[3]宋璐璐.说话心理学——跟任何人都能聊得来[M].北京：民主与建设出版社，2016.

[4]端木自在.说话心理学——把心摸清楚　把话说漂亮[M].南昌：江西人民出版社，2016.